소비자의 마음을 유혹하는 창조적 디자인경제학

디자인파워

디자인 파워

저자_김용섭, 전은경
1판 1쇄 인쇄_ 2009. 6. 11.
1판 1쇄 발행_ 2009. 6. 15.

발행처_김영사
발행인_박은주

등록번호_제406-2003-036호
등록일자_1979. 5. 17.

경기도 파주시 교하읍 문발리 출판단지 515-1 우편번호 413-756
마케팅부 031)955-3100, 편집부 031)955-3250, 팩시밀리 031)955-3111

값은 뒤표지에 있습니다.
ISBN 978-89-349-3464-6 03320

독자의견 전화_031)955-3200
홈페이지_http://www.gimmyoung.com
이메일_bestbook@gimmyoung.com

좋은 독자가 좋은 책을 만듭니다.
김영사는 독자 여러분의 의견에 항상 귀 기울이고 있습니다.

소비자의 마음을 유혹하는
창조적 디자인경제학

디자인파워

DesignPower

김용섭 ☆ 전은경

김영사

'디자인'이란 생산자와 사용자 모두에게 혜택을 줄 수 있도록
상품의 기능, 가치, 외관을 최적화하는 전문적 활동이다.

미국 산업디자이너협회

21세기 지식유목민들이여,
디자인을 지배하라

오늘날 우리는 디자인이 주도하는 새로운 경제시대에 살고 있다. 이미 디자인 없이 경제와 경영을 이야기하기 어려울 정도로 디자인은 개인, 기업, 국가, 세계로 그 활동 영역을 넓히고 있다. 특히 경제와 경영 분야에 깊숙이 파고든 디자인의 힘은 세상의 모든 것을 바꾸고자 작심한 듯 거침이 없다. 우선 기업은 주가를 올리기 위해 CI를 바꾸며, 패션과 화장품 같은 유행 아이템을 통해 경제 흐름을 읽어낸다. 또한 디자인의 힘으로 위기를 극복하고, 인재를 선발할 때 디자인 마인드를 반드시 확인한다. 이렇듯 기업들은 디자인과 관련된 전략의 중요성을 일찍부터 깨닫고 있었다. 그렇다면 과연 디자인은 어떤 힘을 지녔기에 경제와 경영을 주도하는 것일까?

《디자인 파워》는 이에 대한 해법으로 디자인노믹스DesigNomics 라는 새로운 경제 패러다임을 제시한다. 디자인과 경제학의 만남을 지칭하는 이 용어는 21세기 경제·경영의 트렌드를 읽어내는 새로운 메시지다. 또한 이 책에서 처음 소개되는 신조어이자, 디자인 흐름에 대한 새로운 정의^{definition}다.

디자인노믹스는 기업을 지배하고, 세계를 지배하고, 미래를 지배한다. 그러므로 디자인을 미적인 관점이 아닌 경제·경영적 관점에서 바라봐야 한다. 디자인은 이미 정치, 경제, 경영, 사회, 문화를 주도하는 새로운 패러다임의 중심축으로 성장했기 때문이다. 디자인이 만들어내는 경제 코드, 경제에서 건져 올린 디자인 코드는 서로 결합해 창조적으로 작용한다. 이러한 결합이 디자인과 경제의 미래를 새롭게 바라보는 결정적 단서가 된다. 결국 디자인노믹스를 철저하게 분석하고 익힌 개인, 조직, 기업, 정부만이 경쟁력과 생존력, 그리고 통찰력을 쥐고 미래를 주도할 수 있다.

《디자인 파워》는 '디자인'이 경제에 어떤 영향을 주는지에 대한 호기심에서 출발했다. 이 책에서 우리는 디자인이 어떻게 경제를 지배할 수 있는지, 또한 정치, 사회, 문화 등에 디자인이 어떠한 영향력을 미치는지를 분석했다. 경제의 하위 범주에 속할 것이라 여겼던 디자인은 내부 요인과 외부 환경의 유기적 성장을 통해 산업의 모든 영역을 넘어서 경제 전반에 영향력을 행사하고 있다. 그래서 디자인과 경제의 관계를 세밀하게 분석한 자료들을 연구하는 작업은 매우 흥미롭다. 이 작업을 통해 디자인이 경제를 주도하고, 세계를 지배하며, 미래를 이끄는 핵심 원동력임을 확신하게 되었다.

디자인은 기업에만 적용되는 문제가 아니다. 인재로 성장하고자 하는 개인 역시 디자인에 몰입하면 미래를 내다보는 통찰력을 지닐 수 있다. 세계적인 경영학자들 역시 MBA시대가 가고, MFA Master of Fine Arts 시대가 도래했음을 선포한 바 있다. 날카로운 디자인 상상력이 기업의 미래를 주도하는 핵심인재의 필수 요건으로 급부상한 것은 디자인의 중요성을 반증하는 것이라고 할 수 잇다.

세계적인 기업인 애플, 삼성, LG, P&G, 구글, 푸마 등은 '디자인의, 디자인에 의한, 디자인을 위한' 경영 전략을 수립하느라 전사적인 노력을 아끼지 않는다. 전 직원이 디자인 마인드를 고취할 수 있도록 힘쓰고, 창조적 디자인 아이디어를 낼 수 있는 환경을 조성하고자 막대한 예산을 집행한다.

하지만 디자인을 시각적 현상으로만 바라보면 결코 미래를 지배할 수 없다. 디자인은 바로 경제 그 자체이며, 경제의 중심에는 디자인이 자리 잡고 있다는 공식부터 이해해야 한다. 디자인에 숨겨진 놀라운 경제법칙과 기업의 성패를 좌우할 디자인경영 전략에 대한 이해가 없다면 냉철한 경쟁사회에서 살아남을 수 없다. 디자인의 경제적 가치를 통찰하는 것은 미래를 준비하기 위한 새로운 시각과 전략을 확보하는 지름길이다. 한 걸음 더 발전하기 위해 세 걸음 더 뛰어야 하는 수고가 필요해도 디자인을 지배하는 자가 경제와 경영을 지배할 것이다.

김용섭 · 전은경

CONTENTS

CI가 주가를
끌어올린다

"디자인은
　　　말 없는 세일즈맨이다"

헨리 드레이퍼스 미국 산업 디자이너

기업의 정체성을 결정하는 이미지, 즉 CI ^{Corporate Identity}를 리뉴얼하는 일은 사람에 빗대자면 얼굴을 성형하거나 세련된 화장법으로 메이크업을 하는 것과 같다. 전혀 다른 이미지로 변신했으니 그에 따라 새로운 평가가 매겨지고 호감도가 상승하는 것은 당연하다. 그렇다면 CI를 리뉴얼하는 것이 경제적 그리고 심리적으로 미치는 영향은 무엇일까? 기업은 CI를 바꾸는 일로 어떠한 효과를 얻을 수 있을까?

이러한 궁금증에 사로잡혀 있을 무렵, 한화가 CI를 리뉴얼할 예정이라는 소식을 접했다. 2006년 11월 15일 한화는 새로운 CI를 공개했는데, 나는 그보다 6개월 전쯤 그에 대한 정보를 들은 셈이다. 기업이 CI를 리뉴얼하기 위한 작업을 진행하다 보면 CI 디자인 회사를 비롯한 관련 업계는 어느 정도 정보를 감지할 수밖에 없는데, 그중 하나의 경로를 통해서 우연히 전해들은 것이다.

당시는 현재 한화의 CI로 지정된 이미지를 디자인한 세계적 디자이너인 카림 라시드^{Karim Rashid}의 시안이 채택되기 전이었으며, 한화가 언제 CI를 공식적으로 선포할지도 미지수였다. 그런데 불과 6개월 만에 모든 일이 일사천리로 진행되었는데, 일련의 과정을 돌아보면 한화가 이를 통해 얻는 경제적 이득을 고려한 것이라는 확신이 들었다. 이때부터 나는 CI를 리뉴얼하는 것이 기업에 구체적으로 어떠한 이익을 안겨주며, 주가변동에 어떻게 작용하는지 살펴보기로 했다.

그래서 재미있는 실험을 시작했다. 한화의 주식 100주를 매수해 새로운 CI를 선포한 이후 주가가 어떻게 변하는지 지켜보기로 한 것이다. 이는 가설을 세웠으니 결과를 확인하기 위해서였는데, 실패하면 소액이나마 재산상의 피해를 감수해야 했지만 생생한 실험을 위해 어쩔 수 없었다. 결과부터 이야기하자면, 가설은 적중했다. CI를 리뉴얼하는 것과 주가는 정비례 관계임이 증명됐으며, 덤으로 나는 높은 수익률도 얻었다.

리뉴얼한 CI를 선보인 이후 한화 내부에서 발생한 불미스러운 일만 없었다면 주가상승폭은 더 컸을 것이고, 계속 지속되었을 것이다. 얼굴에 화장을 멋지게 하고 옷도 말끔하게 갈아입었는데 비를 흠뻑 맞은 셈이 되었지만, 한화는 CI를 리뉴얼한 후 시장에서 성공적으로 경제적 가치를 높였으며, 주가상승이라는 기쁨도 맛보았다.

한화는 리뉴얼한 CI를 통해 새로운 사업 영역에 진출한다는 사실을 알리고 다시 세운 그룹의 비전을 드러내고자 했는데, 시장은 주가상승을 통해 긍정적으로 화답했다. 이로써 CI는 디자인을 넘어 경제적인 가치를 창출하는 디자인 이상의 역할을 한다는 사실을 확인할 수 있었다.

CI 리뉴얼은
기업의 창조적
아이덴티티다

CI는 기업의 통합 이미지를 의미하며 심볼과 로고 등으로 구성된다. CI는 단순히 이미지나 시각적 장치만을 의미하지 않는다. 기업의 정체성 그 자체이자, 소비자들에게 기업을 기억시키고, 인식시키는 매개체 역할을 한다. CI는 기업을 대표하는 얼굴이면서, 동시에 기업의 수익창출이나 이미지 형성에도 기여한다. 아울러 기업의 사상이나 비전, 사업영역이나 경영방침, 발전방향 등을 담아내며 철학과 시각적 요소, 시대적 트렌드도 반영한다. CI는 기업이 추구하는 가치를 내부적으로 공유하고, 외부적으로 알리기 위해 적극적으로 활용된다.

그리고 창립 당시의 CI가 계속 유지되기도 하지만 대개 회사의 규모가 커지거나 사업영역이 다변화하거나, 혹은 10년 단위의 창립기념을 공식적으로 발표하기 위해 CI를 리뉴얼하는 경우가 많다. 진화한 모습에 맞게 새로운 CI를 원하는 기업들도 있고, CI 리뉴얼을 통해 새로운 진화와 변화를 모색하는 기업들도 있다. 이처럼 CI를 리뉴얼한다는 것은 매우 중요한 경영 전략 중 하나이자, 기업의 경제적 가치에 큰 영향을 미치는 혁신 선포라고 할 수 있다.

CI 리뉴얼 비용은 크게 CI 디자인 비용과 CI 교체 비용으로 나눌 수 있다. 국내 대기업의 경우 수억 원에서 10억 원 이상의 규모로 디자인을 진행하며 CI를 교체하는 데는 수십억 원에서 수백억 원에 이르는 비용을 지불하기도 한다.

그렇다면 이렇게 막대한 비용을 들여서라도 CI를 리뉴얼하는 이유는 무엇일까? 기업은 경제적 이익을 추구하는 집단이다. 당연히 투자 가치가 있다고 판단을 내렸으니 진행할 수밖에 없다. 경제적 필요성이 CI 리뉴얼을 가능하게 한 것이다.

그러므로 CI를 리뉴얼하면 주가가 상승한다는 가설은 경제·경영적 관점에서 봤을 때 지극히 타당하다. 이를 실천한 기업들은 모두 주가상승을 기대하기 때문이다. 그러므로 CI 리뉴얼을 결정하기 전에 주가를 일부러 떨어뜨리는 기업들도 있다. 이러한 조치는 자사주 매입의 기회가될 수 있다. 이런 기업은 상대적으로 더 높은 투자가치를 지닌다. CI 리뉴얼을 공식 발표한 직후부터 주가가 크게 오를 가능성이 있기 때문이다. 그러므로 CI와 주가의 상관성은 디자인에서 발견한 경제적 기회라고 할 수 있다. 즉, 디자인을 경제적 관점에서 해석하면 기업은 창조적 경영 전략과 목적성을 갖출 수 있다는 의미다.

CI를 리뉴얼한다는 것은 브랜드나 기업 이미지를 개선하기 위해 디자인을 이용한다는 의미가 아니다. 오히려 이는 사업 확장이나 가치 증대의 기점에서 시장의 날카로운 평가를 받고자 하는 시도다. 그러므로 리뉴얼 시기와 방법을 저울질하는 데 있어서 철저히 경제적으로 접근해야한다.

또한 이런 작업을 할 때는 디자인부, 홍보부 등 직접적으로 연관되는 부서만 관여할 것이 아니라 마케팅 부서의 참여도 고려해야 한다. 시각적 변화를 위해 CI를 리뉴얼하는 것이 아니라 기업의 경제적 이익 상승이라는 점을 명확히 인지해야만 이러한 시도가 가능해진다.

한화, 기업은행, 삼양, 웅진코웨이는 CI를 리뉴얼한 이후 주가가 상승했다는 객관적 자료를 가지고 있다^{절대적 상승 및 종합주가지수 대비 상승 포함}. 하지만 CI와 주가의 상관관계는 과학적으로 설명할 수 없다. CI를 바꾸었다고 해서 주가가 반드시 오르는 것은 아니기 때문이다. 다만 이 명제는 기업의 관점에서 보면 반드시 달성해야만 하는 목표라고 할 수 있다.

물론 해당 기업은 리뉴얼한 CI를 발표할 때 주가상승의 결과를 달성하기 위해 다양한 노력을 기울일 것이다. 체계적인 준비를 통해 CI 리뉴얼을 하게 되므로 어떻게 보면 주가상승은 당연한 결과일 수도 있다. 창조석이고도 혁신적인 변화를 통해 기업의 아이덴티티를 바꾸었으니 시장이 그에 민감하게 반응하는 것은 당연하다.

CI는 기업이 진행하는 수많은 디자인 정책 중 최우선 순위에 놓여 있다. 하지만 문제는 디자인을 바라보는 기업의 마인드다. 디자인을 한다고 해서 무조건 새것으로 바꿔야 한다는 강박에서 벗어나야만 리뉴얼한 CI는 아이덴티티를 잃지 않는다.

CI의 역할은 기업의 아이덴티티를 잘 드러내는 것이며, 이를 통해 기업의 가치를 높이는 것이 최종 목적이다. CI를 리뉴얼하는 데는 대기업의 경우 1년 내외가 소요되며, 심지어 3년 이상 소요되는 경우도 있다. 그만큼 이 작업은 매우 중요하고도 복잡한 사안이다. CI 리뉴얼의 의미를 단순히 로고나 심볼마크를 변경하는 것으로 인식했다면 이 작업을 시도할 생각조차 하지 말아야 한다.

　엄밀히 따지면 CI는 디자인이 아니라 브랜딩이다. 사회적 트렌드의 깊은 영향을 받는 브랜딩은 동시대를 사는 소비자들과 공감대를 형성한다. 그렇기 때문에 사회적 트렌드와 기업이 지향하는 대외 이미지를 적극적으로 반영해야 한다. 그런 차원에서 생각해보면 CI는 유행에 지극히 민감하다. 문제는 '글로벌'이라는 트렌드에 편승하고자 한글 CI를 단순히 영문 CI로 바꾸거나 영문 이니셜을 넣어야만 한다고 생각하는 현상이 갈수록 확산되고 있다는 점이다. 이는 기업 규모나 업종에 관계없이 널리 퍼지고 있다.

　2008년 10월을 기준으로, 유가증권시장 상장법인 705개사 중에 영어 이니셜을 기업명으로 채택한 회사는 14퍼센트인 99개사에 달한다. 그중 35개사의 회사명은 영어 이니셜로만 되어 있다. 코스닥시장의 상장법인 1,036개사 중 영어로 된 기업은 27퍼센트에 해당되는 280개사다.

　기업은 CI를 평가할 때 결코 디자인적 심미성만 따져서는 안 된다. 그렇다고 아이덴티티만 따져서도 안 된다. 디자인은 결국 산업적 도구이자 경영수단이면서 동시에 전략이기 때문이다. CI를 리뉴얼할 때는 기업의 경제적 가치를 따져봐야 한다. 추락하는 기업이 CI를 멋지게 리뉴얼했는데도 불구하고 시장에서 환영받지 못할 수도 있다. CI의 가치를 판단하는 시장은 그리 어리숙하지 않다.

기업이 숨겨둔
결정적
히든카드

주식시장이 활황이면 기업은 풍성해진 자산으로 신규사업에 진출하기 위한 투자를 확대한다. 그리고 기업은 새로운 이미지 전략으로 신규사업에 대한 당위성을 얻고자 한다. 또한 주가를 끌어올리기 위해 CI를 리뉴얼하는 것은 물론 회사명을 바꾸기도 한다. 사실 회사명을 바꾸는 것은 매우 극단적인 선택이다. CI 리뉴얼은 아이덴티티와 디자인적 변화를 가져오는 것일 뿐이지만 회사명을 바꾸는 것은 아예 새로운 회사로 탈바꿈한다는 것을 선포하는 것이나 다름없다. 예를 들어 코스닥 상장기업인 에스피코프 SP Corp., 가정용품 도매업체 는 회사명이 이코인에서 남애인터내셔널을 거쳐, 호비지수로도 바뀌었다가 다시 에스피코프로 변경되었다. 최근 2년 사이에 네 가지 회사명을 거친 것이다. 다른 사례로, 네오쏠라 Neo Solar, 게임소프트웨어 제작업체 는 회사명이 '사람과기술'에서 모바일원커뮤니케이션으로, 또다시 유아원엔터테인먼트에서 에이트픽스를 거쳐 네오쏠라로 바뀌었다. 이처럼 코스닥 상장기업 중에서는 사명을 자주 변경하는 사례가 빈번하다.

2000년 초 IT 버블 당시에는 ○○텔레콤이나 ○○닷컴, ○○테크라는 이름을 붙인 회사들이 많았고, 테마주가 부각함에 따라 ○○엔터테인먼트나 ○○바이오를 붙이는 회사들도 많았다. 회사의 가치, 즉 주가에 사명이나 CI가 영향을 미치기 때문에 이런 상장기업들은 수없이 존재했다.

회사명을 교체한 상장사 수는 2005년 114개사에서 2006년에는 141개사로 23.7퍼센트가 증가했고, 2007년에는 150개사로 6.4퍼센트가 늘어나는 등 최근 몇 년간 계속 증가세에 있다. 증권예탁결제원 www.ksd.or.kr에 따르면, 2008년 상반기에 회사명을 바꾼 상장사 수는 100개사 유가증권시장법인 34개사, 코스닥시장법인 66개사였다. 상반기의 추세만 보면 2008년의 총합은 2007년보다 더 늘어날 전망이다. 그중 31개사는 회사명을 국문에서 영문으로 바꾸었는데 주로 영문 이니셜로 바꾸었다. 10개사는 회사명에서 공업, 기술, 전자통신, 백화점 등 업종표시를 없앴다.

사실 CI를 리뉴얼하는 데는 막대한 비용도 발생하고, 새로운 CI를 홍보해 정착시키는 데도 엄청난 비용이 발생한다. 특히 기업의 규모가 크고, 역사가 길수록 더욱더 많은 비용과 리스크가 발생할 수 있다. 따라서 경제적 이익을 고려하지 않는다면 쉽게 바꿀 수 없는 것이 CI다. 그런데 직접적인 경제적 이익보다 정치적 압박을 위한 시도로 추정되는 CI 리뉴얼 사례도 있다.

2008년 7월 3일 외환은행은 리뉴얼된 CI를 공식적으로 시장에 선보였다. 그러면서 '외환은행은 KEB 브랜드 유지 및 정체성 강화를 강조해온 대주주와 현재 예상되는 새로운 대주주의 지지 속에 최근 수개월 동안 CI 개편 작업을 마무리하였다'라는 내용을 담은 보도자료

그림 1-1 리뉴얼된 외환은행(KEB)의 CI

를 언론에 공개했다. 이는 외환은행의 대주주인 론스타와 론스타로부터 지분을 인수한 HSBC가 함께 CI 리뉴얼을 주도했다는 의미다. 당시 론스타와 HSBC는 외환은행 인수에 대한 정부의 승인을 오랫동안 받지 못하고 있었다. 그러므로 HSBC가 인수를 포기하면 CI 리뉴얼은 의미없는 행동이 될 수도 있었다.

전체 상황을 종합해보면 몇 개월 후에 다시 바꿔야 하는 CI에 막대한 돈을 지불한다는 사실은 정치적 의도로 해석할 수밖에 없다. CI를 리뉴얼하고 교체하는 데는 막대한 비용이 소요된다. 왜냐하면 기업이 사용하는 대부분의 물품에 CI가 새겨져 있기 때문에 간판, 각종 사인물, 인쇄물까지 전부 바꿔야 하기 때문이다. 그렇게 봤을 때 CI 리뉴얼은 정부를 향한 두 기업의 압박이자, 시장에 대한 인수 승인을 확인하는 절차이기도 했다. 하지만 승인이 지연되는 동안 HSBC가 인수를 철회한다는 이야기가 시장에 흘러나오면서 정부 관계자들은 당혹스러워했다. 이러한 상황을 보더라도 CI 리뉴얼은 정치적 카드로 작용한다고 할 수 있다.

그렇지만 CI 리뉴얼은 결과적으로 큰 실패였다. 정부가 HSBC의 인수를 지연하면서 미국 투자은행들은 위기를 맞았고 때마침 HSBC가 외환은행의 인수를 철회했기 때문이다. 이로써 외환은행은 CI를 리뉴얼하는 데 막대한 비용만 들인 채 다음번에 똑같은 작업을 해야 할 것이다. 결론적으로 이 시도는 실패했지만 미국의 금융위기라는 외부환경만 아니었어도 성공했을 것이다.

기업가치를
혁신하는
디자인 마인드

〈월간 디자인〉은 2004년 5월호에서 '국내 CI, BI 전문가 31인이 선정한 브랜드 리뉴얼 베스트 10'을 국내 베스트5, 국외 베스트5로 나누어 발표했다. 국내 부문에서는 삼성이 1위, 국민은행이 2위, 풀무원이 3위, 하이트와 참진이슬로가 공동 4위를 차지했다. 그래서 이 결과를 바탕으로 CI와 주가상승의 관계를 삼성, 국민은행, 풀무원, 하이트를 통해 살펴보기로 했다.

1) 삼성은 1993년에 CI를 리뉴얼했다. 수많은 계열사의 아이덴티티를 하나의 삼성 CI로 통일시켰기 때문에 국내 최고 기업으로 인정받을 수 있었다.

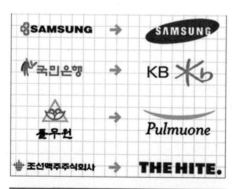

그림 1-2 삼성, KB, 풀무원, 하이트의 CI 변경 전후

2) 국민은행은 2002년에 주택은행을 합병하며 CI를 리뉴얼했다. 은행 타이틀을 떼어버리고 이니셜로만 기업의 아이덴티티를 표현했

으며, 특히 별모양의 K를 통해 금융의 별로 성장하겠다는 선도적인 이미지를 담았다. 서민금융을 대표하는 은행에서 세계적 금융기업으로 변신하겠다는 의지를 그려냈다.

3) 풀무원은 1994년에 CI를 리뉴얼했다. '자연을 담는 큰 그릇'이라는 기업 이념을 잘 반영하여 친환경과 자연주의라는 기업 이미지를 표현했다.

4) 하이트는 1996년에 CI를 리뉴얼했다. 하이트 맥주로 맥주시장의 정상에 오르며 회사명도 조선맥주에서 하이트로 변경했다.

삼성을 제외하고 국민은행^{현재 KB금융으로 변경}, 풀무원, 하이트 등 3개사는 2008년 인적분할^{주주들이 지분율대로 신설법인의 주식을 나눠 갖는 기업분할 방식} 후 신규 상장되었기 때문에 주가 그래프 분석은 별도로 하지 않았다. 그런데 3개사 모두 CI를 리뉴얼한 후 지속적인 주가상승을 통해 업계 1위를 고수하고 있다.

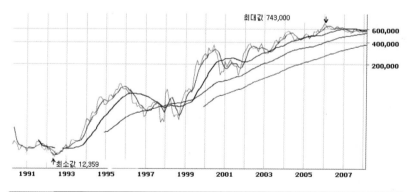

그림 1-3 삼성전자의 CI 리뉴얼 이후의 주가 추이

앞에서 살펴본 4개사 모두 CI를 리뉴얼한 뒤 주가가 상승했다. 표본의 수가 적다고 생각할 수도 있지만 한국을 대표하는 기업의 성공 사례를 바탕으로 분석했기 때문에 결코 무리한 해석은 아니다. 그러므로 기업은 CI 리뉴얼을 지금보다 더 중요하게 다루고 더 전략적으로 해석해야 할 것이다.

기업의 경제적 가치를 바탕으로 하는 디자인 마인드가 사실 CI에만 적용되는 것은 아니다. 건물이나 사무실 내 인테리어, 유니폼 등과 같은 작은 곳에서도 세심한 관찰이 요구된다. 잘생긴 사람이 연봉도 많이 받는다는 이론 미국 정신의학계가 발간하는 〈응용심리학저널〉에 수록 이 틀렸다고만 할 수는 없기 때문이다. 내실이 중요하지, 외형은 중요하지 않다는 주장은 이미 옛이야기가 되어버린 지 오래이며 오늘날에는 비즈니스에서도 그런 변명이 통하지 않는다.

기업에게 디자인은 중요한 경영 전략이자 마케팅 무기가 된다. 그러므로 CI 리뉴얼도 같은 맥락에서 봐야 한다. 기업의 '디자인 무기화'는 사업 확장을 통해 새로운 기회를 마련하려는 시도임과 동시에 이미지 변신을 통한 주가부양기회로 활용되는 경우가 많다. 즉 CI를 리뉴얼하면 막대한 비용이 들기 때문에 기업에 잉여금이 발생하는 시점을 리뉴얼의 적기로 삼아 잉여금을 처리하기도 한다. CI 리뉴얼은 디자인적 이유보다 경제·경영적 이유가 훨씬 더 크게 작용한다. 이는 시각적 개선이 아니라, 기업의 새로운 가치에 접근하기 위한 경제적 개선이다.

디자인경영을 실천하면 경쟁력이 상승한다

디자인경영을 실천하는 기업은 디자인에 대한 투자비용을 효과적으로 운용할 줄 알며, 디자인 인력을 적정 수준까지 선발하기 때문에 이를 통해 디자인어워드 수상, 디자인 히트상품 출시라는 성과를 낳아 매출 증가라는 최종 결과를 이끌어낸다.

국내 기업 중 삼성전자, LG전자, 현대기아자동차, 현대카드, KTF 등은 디자인경영을 실천하는 대표적인 기업들이다. 이 기업들은 모두 높은 시장점유율을 유지하며, 강한 경쟁력을 지니고 있고, 주식시장에서도 블루칩으로 불린다. 디자인경영은 기업의 가치를 높이는 선택이자 투자자에게는 또 하나의 투자 근거가 된다. 주가에 영향을 미치는 디자인 요소로는 디자인경영 여부, 디자인 분야 투자 규모, 디자인상 수상 및 외부 성과, CI 디자인 및 브랜드 리뉴얼 등이 있다. 디자인 투자는 곧 기업에게 새로운 경제적 기회가 될 수 있다.

영국디자인협회의 조사결과에 따르면 디자인 선도 기업의 주가가 1994년에는 FTSE100 기업과 유사했으나 2007년에는 약 두 배의 격차를 보였다. 디자인상 수상 경력이 있는 63개사 그중 31개사는 FTSE100 기업과 중복 를 디자인 선도 기업으로 명명하여 이들의 주가와 런던국제증권거래소

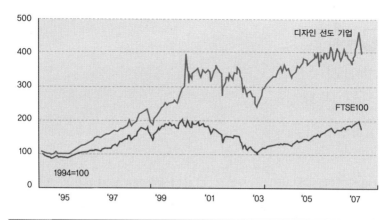

그림 1-4 영국의 디자인 선도 기업과 FTSE100의 주가 비교

자료: Safian, R.(2007.10), The Design Dividend, 〈Fast Company〉 Issue119.16.
재인용: 하송(2008.9), 디자인의 진화와 기업의 활용전략, 21p, 삼성경제연구소.

에 상장된 대표적인 100개 기업들인 FTSE ^{Finacial Times Stock Exchange} 100의 주가를 비교, 조사했다. 즉 이는 디자인 역량이 뛰어난 기업일수록 기업의 주가도 상대적으로 높다는 것을 보여주는 중요한 조사 결과다. 디자인 투자가 곧 기업의 주가상승을 비롯한 경제적 가치를 높이는 효과가 있기에 디자인 투자는 설득력 있는 경제적 선택이라 할 수 있다.

위의 조사결과만 보더라도 디자인상을 많이 받는 기업의 주가가 높아질 가능성이 많기 때문에 투자자에게는 디자인상 수상 여부와 디자인어워드의 공식적인 규모에 대한 판단도 투자 기준이 될 수 있다. 국내 기업 중 삼성전자, LG전자 등은 Reddot, iF, IDEA 등 세계적인 디자인상을 다수 수상했다. 이들 기업의 세계적인 디자인상 수상 실적은 세계 시장 점유율과 상관관계에 있으며, 이를 위해서 디자인경영을 전면에 내세우는 기업들은 인력과 관련 예산 등 디자인에 대해 투자 규모를 매년 확대하고 있다.

디자인에 대한 기업의 투자 활동은 주가상승과 밀접한 관련이 있다. 주가상승뿐 아니라 기업 경쟁력과 새로운 시장창출 등 다양한 기회가 디자인에 투자한 결과로 얻을 수 있다. 오늘날 기술보다 디자인을 더 중요시하는 소비자 때문에 마케팅에서도 디자인에 대한 비중이 기하급수적으로 높아지고 있다.

참고 01 CI 리뉴얼 후 발생한 시장의 긍정적 평가

그림 1-5 한화의 CI 리뉴얼 공개 전후의 주가 추이

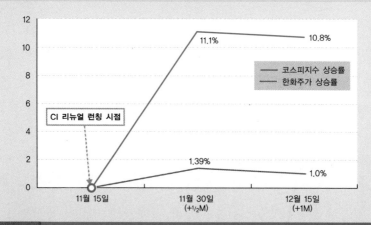

그림 1-6 한화의 CI 리뉴얼 공개 후 코스피지수와의 상승률 비교

그림 1-7 기업은행의 CI 리뉴얼 공개 전후의 주가 추이

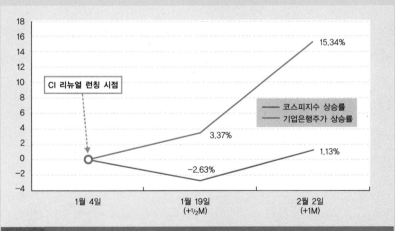

그림 1-8 기업은행의 CI 리뉴얼 공개 후 코스피지수와의 상승률 비교

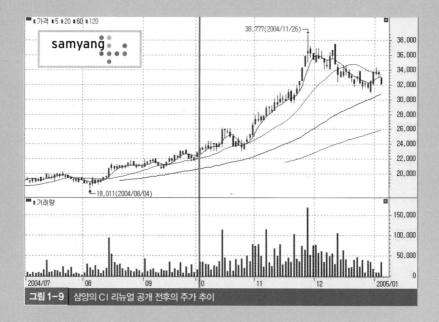

그림 1-9　삼양의 CI 리뉴얼 공개 전후의 주가 추이

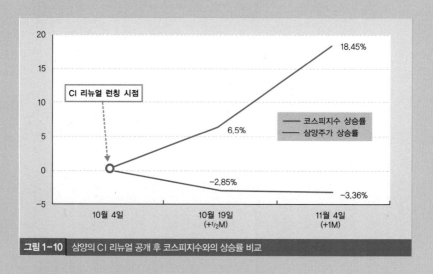

그림 1-10　삼양의 CI 리뉴얼 공개 후 코스피지수와의 상승률 비교

그림 1-11 웅진코웨이의 CI 리뉴얼 공개 전후의 주가 추이

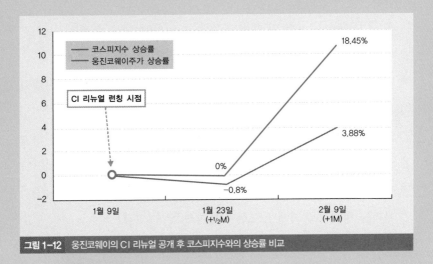

그림 1-12 웅진코웨이의 CI 리뉴얼 공개 후 코스피지수와의 상승률 비교

CI가 기업의 몸값을 올리는 데 기여하듯이 사람의 외모도 사람의 몸값을 높이는 데 기여한다. 그렇다면 사람도 외모에 더욱 신경을 쓰면 연봉이 상승할까? CI를 리뉴얼하면 주가가 상승한다는 이론에서 공통점을 찾을 수 있을까?

성형수술을 하고, 다이어트를 하고, 명품을 입고, 외제 승용차를 타는 것은 낭비가 아니다. 외모에 대한 투자는 경제적 효과로 되돌려 받기 때문에 투자 대비 효과가 상당히 높은 선택이라 해도 과언이 아니다. 이렇게 얘기하면 외모지상주의를 조장한다며 불편해 할 사람들도 꽤 많겠지만 현실은 외모지상주의가 경제적 가치와 기회를 낳는다는 사실을 증명한다.

실제로 사람의 외모와 연봉 사이의 관계가 정비례함을 주장하는 연구들이 많다. 2005년 4월 미국 연방준비제도이사회 FRB 의 계간지인 〈리저널이코노미스트 The Regional Economist 〉에 발표된 '외모와 임금에 관한 상관관계'라는 흥미로운 보고서를 살펴보자. 미국 세인트루이스 연방은행의 이코노미스트인 크리스티 엥게만 Kristie Engemann 과 마이클 오위양 Michael Owyang 은 외모가 현대사회를 살아가는 데 커다란 장점이 되는 경쟁력임을 연구한 다양한 결과들을 이 보고서에 인용했다. 이는 외모가 뛰어나면 상대적으로 더 높은 경제적 이익을 얻는다는 주장으로, 외모지상주의가 가지는 경제적 근거에 동조한 이론이라 할 수 있다.

텍사스 오스틴 대학의 대니얼 해머메시 Daniel Hamermesh 와 제프 비들 Jeff

Biddle 교수 역시 잘생긴 사람들은 보통 사람들에 비해 5퍼센트 많은 연봉을 받는 반면, 못생긴 사람들은 보통 사람들에 비해 9퍼센트 적은 연봉을 받고 있다고 주장했다. 이들은 1996년 미국 풀타임 full time 근로자들을 기준으로, 못생긴 남자 근로자가 받는 불이익이 연간 2,600달러, 못생긴 여자 근로자가 받는 불이익이 연간 2,000달러에 달한다고 분석했다. 반면 잘생긴 남자 근로자가 받는 추가 이익은 1,400달러, 예쁜 여자 근로자의 추가 이익은 1,100달러라고 발표했다.

이들은 같은 연구 선상에서 텍사스 대학 학생들을 대상으로 교수진의 외모에 점수를 매기게 하고 이를 강의 평가 점수와 비교한 결과, 잘생긴 교수일수록 학생들로부터 우수한 강의 평가 점수를 받았다고 분석했다. 교수가 잘생기면 학생들의 수업 태도와 반응도 좋고, 강의 평가 결과도 더 좋았던 것이다.

외모의 한 요소인 몸무게로 연봉과 상관관계를 연구한 사례도 있다. 미국 경제학자인 수전 애버렛 Susan Averett 과 샌더스 코렌먼 Sanders Korenman 은 뚱뚱한 여성이 보통 몸무게의 여성보다 최고 17퍼센트나 적은 임금을 받는다고 주장했다.

1981년 16~24세였던 여성과 1988년 23~31세였던 여성들을 대상으로 몸무게와 연봉의 상관관계를 조사했더니 체질량지수 BMI: 몸무게를 키의 제곱으로 나눈 지수 가 정상 범위를 넘는 여성 근로자들은 정상인 여성보다 17퍼센트나 임금을 적게 받고 있었다. 몸무게와 연봉의 상관관계는 시카고 대학의 존 콜리 John Cawley 교수도 연구했는데 그는 정상 백인 여성보다 64파운드 29킬로그램 정도 더 나가는 백인 여성의 월급이 9퍼센트 낮다는 연구결과를 발표했다. 아울러 뉴욕 대학의 사회학자인 댈턴 콘리 Dalton Conley 교수의 연구에 따르면 여성의 몸무게가 1퍼센트 늘어날수록 가계소득이 0.6퍼센트 줄어든다는 결과도 있다.

외모를 평가하는 또 다른 요소인 키와 연봉의 상관관계를 연구한 보고서도 있다. 플로리다 대학의 티모시 저지 Timothy Judge 박사와 노스캐롤라이나 대학의 대니얼 케이블 Daniel Cable 박사 팀이 2004년 조사한 연구에 따르면 1인치 2.54센티미터 의 신장 차이가 날 때마다 1년에 789달러의 급여 차이가 난다고 한다. 동등한 조건을 가졌을 경우 키가 165센티미터인 사람이 180센티미터인 사람보다 5,525달러 더 적게 받는 얘기다.

미국의 경제학자인 니콜라 퍼시오 Nicola Persico, 앤드루 포스틀웨이트 Andrew Postlewaite, 댄 실버먼 Dan Silverman 도 유사한 연구결과를 발표했는데 미국 평균 백인 남성 근로자의 경우 정상 신장보다 1인치가 클수록 월급이 1.8퍼센트씩 늘어난다고 주장한 바 있다. 이 밖에 〈포천〉지가 선정한 500대 기업의 남성 CEO들은 평균 180센티미터 정도의 장신으로, 보통 성인 남자보다 7센티미터가량 크다는 조사결과도 있었다.

그러므로 성형수술과 다이어트 등에 투자하는 것은 낭비가 아닌 경제적 기대효과를 충족시키는 유용한 방법이라 할 수 있다.

경기불황이 미니스커트 잘못은 아니다

"디자인은 직관적으로 관계를 추정하고
이해하여 구체적 의미를 갖는
상품이나 서비스로 만드는
과정이다"

존 마에다 MIT 미디어랩 교수

불황과 미니스커트가 연관이 있다는 이야기는 주기적으로 언론에서 보도된다. 언론은 불황일 때 초라해 보이지 않기 위해 도발적으로 옷을 입고, 패션에 신경 쓸 여유가 없을수록 튀는 옷을 구입하는 심리가 크다고 주장한다. 새로운 치마를 살 필요 없이 기존에 가지고 있던 긴 치마를 짧게 잘라 입을 수 있어서 경제적이라고 말하면서 불황 때문에 심리적으로 위축된 상황을 극복하기 위해 미니스커트를 선호한다는 이야기도 있다. 섹슈얼리티 Sexuality 를 가지고 장난치는 것과 같은 얘기가 왜 이렇게 오랫동안 정설처럼 우리 주위를 맴도는 것일까?

불황이 주는 심리적 위축을 극복하기 위해 과감한 패션이나 미니스커트를 입는다는 발상은 지극히 남성적이다. 불황일 때 우울한 기분을 전환하려고 짧은 치마를 입는다고? 치마 길이가 짧아지면 그걸 보는 남자들의 기분이 좋아진다고? 그래서 남자들이 더 열심히 일하기 때문에 경제가 좋아질 것이라고? 이 무슨 황당한 주장이란 말인가.

불황일 때 마침 미니스커트가 유행했다고 해서 불황이면 치마 길이가 짧아진다고 속단해버리면, 불황이던 어느 해에 마침 비가 많이 왔다면 불황과 강우량은 깊은 연관성을 가지는 것인가? 불황일 때는 미니스커트의 원단이 적게 들어가니까 경제적이라고? 원단이 적게 들어간다고 옷값이 저렴해야 한다면, 명품의 가치는 어떻게 설명할 수 있을까? 그렇다면 디자이너의 역할은 무엇이란 말인가? 하지만 이러한 이야기가 정설처럼 대중에게 받아들여지면 패션업계는 미니스커트 마케팅을 적극적으로 펼치게 된다. 속설의 반복이 결국 정설이 될지는 누구도 모르는 일이다.

왼손잡이 중
천재가 많다는
속설

불황과 미니스커트가 상관있다고 하는 우연의 일치 때문이다. 어느 불황이던 시기에 미니스커트가 유행했다고 해서 불황과 미니스커트를 연관짓는다면 빌 게이츠 Bill Gates 나 스티브 잡스 Steve Jobs 가 대학을 중퇴했으니 IT 업계의 CEO가 되려면 대학을 중퇴해야 하거나, 아인슈타인이 왼손잡이니까 왼손잡이 중에 천재가 많다고 주장하는 것이나 똑같다. 불황이라서 잘 팔리는 것이 아니라, 유행이어서 잘 팔리는데 그때가 마침 불황일 뿐이다.

패션 트렌드는 사회 이슈와 경제 상황에 민감하기보다 패션 자체의 트렌드 사이클에 더 민감하다. 패션 트렌드는 늘 새로운 것을 찾게 되고 이는 기존의 것과 다름을 지향하는 데에서 시작한다. 순환하는 사이클을 두고 조금씩 변화하면서 다음 트렌드를 준비한다.

실제로 사회 상황과 개인의 패션은 연관성이 낮다. 불황 때문에 기분이 우울하다고 해서 미니스커트를 입고서 기분을 전환한다고? 여자들이 패션에 사회 상황을 우선적으로 고려한다는 것이 말이 될까? 유행은 새로운 소비를 만들어낸다. 하지만 불황일 때는 새로운 유행을 만들어내지 않는 것이 경제적으로 이익이다. 즉 새로운 패션은 새로운 소비를 필요로 하므로 불황이기 때문에 개인의 구매력이 줄었다면 새로운 유행을 받아들이는 것은 어려울 수밖에 없다.

혹시 지금도 불황일수록 치마 길이가 짧아진다는 속설을 정설로 믿고 있는 사람들이 있는가? 미국의 경제학자인 마브리 Mabry 는 '1960년대 호황기에는 롱스커트가 유행했고 오일쇼크기였던 1970년대에는 미니스커트가 유행했다'며 불황일수록 치마 길이가 짧아진다고 주장했는데 1910년대 패션을 연구한 컬럼비아 경영대학원의 폴 니스트롬 Paul Nystrome 교수도 불황일수록 여성의 스커트 길이가 짧아진다는 주장을 펼쳤다. 우리나라의 경우 1998년 IMF 시절에 미니스커트가 유행이었다. 일본은 경제 침체기였던 2000년대 초에 오히려 초미니스커트가 히트였다.

사실 불황과 치마 길이는 연관성이 없다. 워낙 미니스커트의 유행이 시대를 가리지 않다 보니 불황기에 미니스커트가 유행한 것처럼 보일 수도 있겠지만 미니스커트는 사실 불황과 호황을 따지지 않는다. 오히려 패션계에 불어 닥친 미니멀리즘^{Minimalism}의 대유행, S라인 열풍이나 섹슈얼리즘^{Sexualism}의 뚜렷한 선호도 등과 같은 개인적인 욕구에 더 직결된다. 아울러 여성의 활발한 사회참여와 고학력화가 과감하고도 파격적인 패션을 이끌었다고 설명하는 편이 훨씬 합리적이다.

미니스커트는 패션 디자이너인 자크 델라에이^{Jacques Delahays}가 처음 선보였다. 하지만 그 당시에는 시대 흐름을 너무 앞선 디자인 때문에 성공하지 못했다. 그후 1965년 영국의 패션 디자이너인 메리 퀀트^{Mary Quant}와 조안 위르^{Joan Huir}가 첫 컬렉션에서 선보인 미니스커트는 역동성 넘치는 디자인으로 인해 여성들의 환호를 얻기 시작했다.

이어 프랑스의 패션 디자이너인 앙드레 쿠레주^{André Courrèges}는 '다리를 길게 늘리자'라는 슬로건으로 건축적 스타일을 한껏 살린 미니스커트를 발표하여 전 세계적인 인기를 모았다. 국내에서는 1967년에 가수 윤복희가 미니스커트를 입고 미국에서 귀국하여 이슈가 된 이래로 크게 유행했다.

그 당시 미니스커트는 패션계가 넘지 못했던 파격의 세계로 인도한 매개체였다. 하지만 그 인기는 점점 사라지기 시작하여 1968년부터는 미니스커트에 싫증을 느낀 사람들이 미디스커트^{midi skirt: 종아리 중간까지의 길이}를 꺼내 입기 시작했다. 1960년대 말에는 발목까지 감싸는 롱스커트를 비롯해 다양한 길이의 스커트가 유행했다. 이때부터 치마 길이의 다양성이 확보되었다.

실제로 미니스커트는 1990년대 이후 최근까지 꾸준히 큰 인기를 누리고 있다. 불황과 호황의 사이클은 쉴새없이 돌고 있지만 치마 길이는 늘 짧은 것이 대세였다. 그러므로 미니스커트는 십수 년간 꾸준히 유행하고 있다고 해도 과언은 아니다.

아래 글은 미니스커트의 유행을 설명한 숙명여대 의류학과의 채금석 교수의 글이다. 이 글은 패션의 관점에서 미니스커트가 스테디셀러일 수밖에 없는 이유를 쉽게 설명하고 있다.

"관능미 과시는 여자의 본능적 욕구다. 자신이 섹시하고 매력적으로 보이기 위해 미니스커트를 입는 것이지, 불황의 우울함을 극복하고 활력을 얻고자 하는 심리적 이유 때문에 미니스커트를 입는 게 아니다. 패션의 발생 원인은 심리학적 측면에서 남을 따라하고픈 인간의 동조적 conformity 욕구와 남들과 다르고 싶은 개성적 originality 욕구의 상반된 심리 공존으로 설명된다. 미니스커트는 편리성·관능성·과시성·경제성 측면으로 설명될 수 있다. 편리성의 측면에서 미니스커트는 간편하고 편리함을 추구하는 현대 여성들에게 어떤 패션 아이템으로도 크로스 코디가 용이하다는 장점을 들 수 있다.

티셔츠에 운동화는 캐주얼한 이미지를, 재킷에 하이힐은 준정장으로 간편하게 이미지 변신을 할 수 있다. 또한 관능성 측면에서 미니스커트는 웰빙을 추구하는 현대 트렌드에 아주 적합하다. 건강미에 중점을 두며 자신을 몸짱으로 가꾸어가는 여성들에게 미니스커트는 관능미를 드러내고자 하는 욕구를 발현하는 중요한 매개체가 된다.

그리고 명품 브랜드로 과시적 욕구를 충족시키고자 하는 젊은 여성들에게 미니스커트는 굳이 명품이 아니더라도 자신의 다져진 인체를 돋보이고자 하는 과시적 욕구를 충족시키는 데 안성맞춤이다. 또한 굳이 다져진 몸매가 아니더라도 미니스커트는 히프에 포인트가 주어짐으로써 넓적다리에 시선이 집중되게 한다. 이럴 경우 오히려 굵은 다리를 시각적으로 길어 보이게 하는 착시현상을 유도한다. 여성들이 자신에 대해 착각할 수 있게 하는 '행복 아이템'이 된다는 말이다.

미니스커트는 싫증난 올드 패션을 쉽게 바꿔서 변신시킬 수 있다는 경제적 장점도 갖는다. 오래된 긴 치마를 싹둑 잘라서 미니스커트로 바꿔 입는다는 말이다. 패션업계 입장에서 볼 땐 대량생산을 할 수 있다는 것도 또 다른 장점이라 할 수 있다. 그리고 레깅스, 롱부츠 등 연관시킬 수 있는 다양한 아이템을 개발, 판매할 수 있다. 이러한 것들이 미니스커트가 현대의 패션을 상징하는 아이콘으로서 롱런할 수 있는 비결이라고 본다."

출처: 채금석, '미니스커트 열풍은 왜 식지 않는가', 〈조선일보〉 2007년 5월 19일자.

새로운 것과 좋은 것을 잘 구별하지 못해서 낯설고 새로운 것을 맹목적으로 유행화하려는 경향은 패션업계에서 늘 있어 왔다. 지난달에 구입한 제품보다 내일 새로 나올 신제품이 더 좋다는 생각을 확산시키는 일이 패션업계에서는 아주 중요하다. 패션은 늘 새로운 소비창출로 이어지는데, 소비창출의 무기는 바로 '유행'이다. 유행은 소비를 유도하고, 패션은 소비를 촉진시킨다.

실제로 유행하기 때문에 유행이라고 하는 것이 아니라, 사람들이 따라하다 보니 유행이 되는 경우가 있다. 이는 유행이라는 의미가 갖는 함정인데 사람들은 새로운 유행을 선도하기보다 따라하는 것에 익숙하기 때문에 이러한 현상이 발생한다. 대부분의 사람들은 새로운 유행이 나오면 자연스럽게 그에 따르려 하고, 심지어 동참해야 한다는 강박까지 갖

"아바타도 볼경기?"···**미니스커트** 아바타 인기 아이뉴스24 IT/과학 | 2003.11.14 (금) 오전 11:11
70%를 차지하고 있으며 유행에 민감한 20대 중후반부터 30대 초반 사이의 여성이용자들을 중심으로 구매하고 있다. **미니스커트** 아이템 가격은 개당 1천450원~1천550원선으로 1천550원~1천700원의 롱스커트에 비해 가격도 오히려 저렴해 불황기에···
네이버 | 관련기사 보기

식지않는 **미니스커트** 인기 '불황 탓?' TV SBS TV TV | 2003.11.13 (목) 오전 10:51
길이의 치마와 7부 스커트, 롱스커트를 입은 여성은 모두 줄었습니다. 올 봄 이라크 전쟁과 전 세계적인 **불황**속에서 유행을 타기 시작한 **미니스커트**가 늦가을까지 인기가 계속되고 있습니다. 패션 전문가들은 경기가 어려운 때일수록···
네이버 | 관련기사 보기

추위에도 **미니스커트** 인기 매일경제 기타 | 2003.11.12 (수) 오후 3:12
'**불황**에는 치마길이가 짧아진다'는 속설처럼 올 봄부터 시작된 **미니스커트** 유행이 쌀쌀한 날씨에도 계속 이어지고 있다. 삼성패션연구소가 12일 내놓은 조사 결과에 따르면 지난 달 전국 중심가 14곳에서 캐주얼 의류를 착용한 1950여명의···
네이버 | 관련기사 보가

불황 그늘··· 짧아진 치마 문화일보 경제 | 2003.11.12 (수) 오후 12:09
(::가을거리 '미니' 비율 18%로 급증::) '**불황**이 깊어지면 치마길이도 짧아진다'는 속설을 입증하듯 **미 니스커트가** 유행하고있다. 12일 삼성패션연구소에 따르면 지난달 전국 중심가 14곳에서 캐 주얼 의류를 착용한 여성 1950명을 대상으로 조사한···
네이버 | 관련기사 보기

그림 2-1 | 뉴스 검색결과(2003년 11월) - 검색어 : 불황에 미니스커트가 유행한다

[경기예측은 어떻게 하나] **미니스커트**.립스틱이 잘 팔리면 왜 **불황**일까? 한국경제 경제 | 2006.09.25 (월) 오전 11:40
'**미니스커트가 유행하면 불황.**' "립스틱 판매량이 늘어나도 **불황.**" 여성 스커트의 길이나 립스틱 판매량과 경기 흐름의 상
관관계는 확실히 규명된 경제이론이 아니다. 하지만 생뚱맞아 보이는 이런 속설들이 관련 업계에선 경기를 파악하는 데...
네이버 | 관련기사 보기

[지평선] **미니스커트**의 경제학 한국일보 칼럼 | 2006.08.09 (수) 오후 5:57
쓰임새가 있다. ▦사람들의 관심을 자극하는 것은 여성의 치마 길이, 특히 **미니스커트**의 유행 여부로 경기를 판단하는 이
론이다. 호사가적 취미를 가진 미국의... 표출한다는 줄거리가 얘기의 전부다. 반면 **불황**일수록 치마가 더 길어진다는 실증
적...
네이버 | 관련기사 보기

[S 키워드] 25cm 초**미니스커트**, 경제불황의 지표라고? TV YTN STAR TV | 2006.08.09 (수) 오후 3:56
입는 해외 스타들이 많습니다. 스타들이 입었을 당시엔 짧다 짧다 했지만, 이렇게 대중적으로까지 **유행**
할 줄은 몰랐는데요. **미니스커트**는 지금껏, 경제가 **불황**일 때마다 인기를 얻어왔다고 하죠? 이렇게 초
미니스커트가 대유행하고 있다는 사실,...
네이버 | 관련기사 보기

길거리 지표는 '불경기' 파이낸셜뉴스 경제 | 2006.07.27 (목) 오후 5:12
인터파크에선 올 상반기 최고 히트 상품이 **미니스커트**라고 밝혔다. G마켓에서는... 인기가 높다. 화장도
핫핑크 등 강한 톤이 유행한다. 업계에선 경기가... 매출은 전년도 대비 5% 신장세를 나타냈다. '**불황**일수
록 달콤한 음식이 잘 팔린다'는 것은...
네이버 | 관련기사 보기

그림 2-2 뉴스 검색결과(2006년 9월) - 검색어: 불황에 미니스커트가 유행한다

불황기, 소비자는 무엇에 지갑을 여는가...제일기획, 5대 소비패턴 분석 한국경제 경제 | 2008.10.19 (일) 오후
7:16
원초적 자극을 선호하는 '본능충실형' 소비가 뜬다. 경기가 나쁠수록 **미니스커트**와 원색 패션이 **유행**하는 것
과 마찬가지다. 일례로 두산주류의... 8월 매출이 전년 동월 대비 51.4%나 급증했다. 대개 **불황**일수록 가격·품
질을 따져 이성적으로...
네이버 | 관련기사 보기

소비자 심리 잘 읽으면 불황도 끄떡없다 서울경제 경제 | 2008.10.19 (일) 오후 5:06
불황기 소비자들은 경제적인 스트레스로 인해 이성적인 것보다는 본능적이고 감각적인 소비가 증가한다.
불황 때 **미니스커트**와 원색 패션이 **유행**하는 것도 이런 이유때문이라는 것. 올들어 광고모델을 이효리로
교체한 두산주류의 '처음처럼'은...
네이버 | 관련기사 보기

불황에 닫힌 지갑 여는 마케팅 '5하' 머니투데이 경제 | 2008.10.19 (일) 오후 3:24
엔터테인먼트 프로그램을 더 많이 본다'는 소비자도 62%에 달했다. ▲가수 이효리가 등장한 '처음처럼'
TV광고 **불황**에 **미니스커트**와 원색 패션이 **유행**하거나 가수 이효리의 섹시 코드가 신드롬을 일으키는
현상은 이를 뒷받침해준다는...
네이버 | 관련기사 보기

미니·하이힐 불황에 더 유행? 헤럴드경제 생활/문화 | 2008.10.16 (목) 오후 2:31
과학적으로 증명된바 없어 '**불황**엔 **미니스커트**가 유행한다'는 속설이 있다. 그러나 패션 관계자들에게 이
보다 더 ... 유행했다'고 지적했다. **불황기**에 천을 아끼기 위해 **미니스커트**가 유행한다는 가정에 따르면
최근 자라, 갭 등 패스트패션의 ...
네이버 | 관련기사 보기

그림 2-3 뉴스 검색결과(2008년 10월) - 검색어: 불황에 미니스커트가 유행한다

게 된다. 실제로 존재하지 않는 유행도 언론이 계속 언급하고 부추기면 진짜 유행이 되기도 한다.

'불황에 미니스커트가 유행한다'라는 검색어로 기사를 검색해보면 놀라운 사실을 확인할 수 있다. 2008년 10월의 기사와 2006년 9월의 기사, 2003년 11월의 기사가 놀랍게도 비슷하다. 사실 불황과 미니스커트를 연관시키는 기사는 매년 나온다. 이렇게 오랫동안 불황 속에서 살았나 싶다.

사실 경제가 불황의 늪에 빠지면 패션업계는 큰 위기를 맞게 된다. 굳이 지출을 하지 않아도 큰 영향을 받지 않는 산업군에 패션업계가 속하기 때문이다. 실제로 IMF 구제금융과 2008년 하반기 세계 금융위기 당시 국내 패션기업들은 상당수 부도처리 되었다. 따라서 불황을 돌파하고자 사람들의 관심을 끌려는 패션업계의 선택은 비즈니스를 위해서 피할 수 없는 선택이다.

패션은
경제적 의도가
철저히 반영된다

유행은 경제적 의도를 가진다. 그렇기 때문에 인간의 욕구를 만족시키는 또 다른 방법이라고 알려져 있지만 유행은 소비를 확산시키기 위한 도구일 뿐이다. 하지만 경제적 관점에서 보았을 때 패션은 니즈 Needs 의 소비가 아니라 원츠 Wants 의 소비를 철저히 따른다. 소비자들은 옷이 없어서 새로운 옷을 사는 것이 아니다. 욕구를 충족시키고자 패션을 소비한다. 하지만 패션산업이 빠르게 움직일수록 유행 주기는 더욱 짧아지고, 그러다 보니 연 단위의 패션 주기는 월 단위로까지 짧아지고 있다.

이제 유행은 주기의 관점에서 바라보지 않고 차별화를 통해 소비자의 원츠를 끌어내려고 한다. 너무 낯설게 소비자를 유혹하지 않고 익숙함 속에서 조금씩 변화를 시도한다. 결국 패션산업에서 승리하는 최후의 승자는 소비자의 마음을 읽어내어 그들이 원하는 바, 즉 원츠를 제대로 파악해낼 줄 아는 기업이다. 그렇기 때문에 패션산업은 성공과 실패의 방향성이 그 어떤 산업보다 빠르게 나타난다.

하지만 유행은 돌고 돈다는 말도 있다. 그렇다면 앞에서 했던 이야기들에 허점이 있다는 말인가? 엄마가 처녀 시절에 입었던 옷을 오늘날 다시 꺼내 입는다고 패션 감각이 있다고 말할 수 있을까? 분명히 말하지만 유행은 유행일 뿐이다. 복고풍이니 레트로^{Retro} 니 하는 표현들은 소비자의 욕구를 철저하게 따른다. 현재의 유행에 복고적인 감각이 덧입혀졌다는 의미다. 유행은 지독하게 경제적이다. 그러니 소비자가 현재 원하는 바를 정확하게 읽어낸다. 옷장 속에 오랫동안 처박아둔 옷들은 재활용을 하거나, 자선단체에 기부하는 편이 훨씬 낫다. 다시금 새로운 유행이 돌아올 것이라는 착각에 빠져 괜한 공간만 차지하는 어리석은 짓을 멈추어야 한다. '패션의 경제학'은 이렇게 미묘하게 소비자의 심리를 파고든다.

그래서 패스트패션^{Fast Fashion} 산업이 급성장하고 있다. 이는 패션산업이 찾아낸 신시장이다. 패스트패션은 말 그대로 최신 유행을 따르지만 저렴한 가격, 짧은 신상품 주기를 장점으로 내세운다. ZARA, H&M, Mango 등이 대표 브랜드인 패스트패션은 '남과 다른 나'를 찾고자 하는 10~20대를 겨냥한다. 그리고 이들은 패스트패션에 열광한다.

패스트패션의 산업 구조는 독특하다. 디자인부터 판매까지 전체 공정이 2주 안에 끝난다. 일반적으로 옷을 만드는 데는 최소 1개월 이상이 소요되기 때문에 패스트패션은 속도에서 1차 경쟁력을 갖는다. 매월, 매주, 심지어 매일 단위로 새로운 제품이 생산되기도 하니 속도가 갖는 경쟁력이 얼마나 큰지 짐작할 수 있다.

패스트패션에 대한 또 하나의 놀라운 사실이 있다. 패스트패션은 중국 생산만을 고집하지 않는다. 유럽은 동유럽, 미국은 멕시코에서 생산한다. 가까운 시장, 저렴한 생산비용이라는 두 마리 토끼를 한꺼번에 잡을 수 있기 때문에 큰 이익이다. 비용절감보다 속도를 중요시하는 전략이다.

또한 패스트패션은 희소성의 가치를 알기 때문에 소량 생산만 고집한다. 결과적으로 재고가 적기 때문에 세일도 거의 없다. 보통 의류의 할인율은 49퍼센트인데, 패스트패션은 15퍼센트의 할인율을 장점으로 내세운다. 그래서 패스트패션의 소매점은 일반 의류점의 7퍼센트보다 두 배가 넘는 16퍼센트 정도의 마진율을 갖는다.

오늘날 세계 패션산업을 이끄는 새로운 원동력은 패스트패션이다. 패스트패션은 새로운 경제 가치를 창출하고 있다. 패스트패션이야말로 소비자의 적극적 소비욕구를 만들어냈기에 '유행의 경제학'을 실천하고 있다.

반복되는
경제현상 속에서
찾아낸 기회

세상은 반복되는 패턴을 가지고서 움직인다. 재미있는 사실은 이러한 현상이 기업에도 적용된다는 것이다. 여름에 잘 되는 사업이 있고, 겨울에 잘 되는 사업이 있다. 이러한 변화의 타이밍을 잘 잡아내는 것은 또 하나의 비즈니스 기회이자 투자 기회다. 그러므로 기업은 과거부터 반복되어 온 경험들을 객관적인 데이터로 구축한 뒤 시뮬레이션해야 한다.

사람들은 늘 과거를 통해서 미래를 내다본다. 경제도 순환 사이클을 통해 호황과 불황을 반복한다. 대한민국 통계청이 경기와 관련된 통계를 작성하기 시작한 1970년 이래 지금까지 일곱 차례의 호황과 불황이 있었다. 물론 사회적 환경이나 경제적 여건 등은 서로 달랐지만 정치 상황, 사회적 이슈 등과 맞물려서 결과적으로는 반복에 반복을 거듭하고 있다.

예를 들어 대통령 선거와 국회의원 선거 전후로 주가 변동은 늘 사람들의 큰 관심거리였다. 새로운 대통령, 새로운 국회의원이 선출되어도 경제는 기본적으로 반복된다는 믿음이 사람들에게 깔려 있기 때문이다. 타임머신을 타고 미래로 날아가 볼 수는 없어도 데이터를 들춰보면 과거로의 여행은 충분히 가능하다. 그러므로 잘 정리된 과거의 자료들은 기업 경영 및 마케팅 방향 설정에 커다란 역할을 한다. 반복되는 유행은 주기를 갖고 있기 때문이다.

또 하나의 예를 들어보자. 2002년 한일 월드컵이 우리 경제 및 기업에 미쳤던 긍정적인 영향을 생각해보면 2006년 독일 월드컵 당시 기업의 마케팅 방안은 어느 정도 예상 가능했다. 앞으로 매회 월드컵마다 월드컵 마케팅과 비즈니스는 기본 방향을 업그레이드하는 수준으로 성장할 것이다.

기업의 반복 경험치를 이용한 마케팅의 대표 사례로 '빼빼로 데이'가 있다. 발렌타인 데이나 화이트 데이처럼 젊은이들에게 또 다른 문화로 자리잡은 이 날에는 초콜릿과 빼빼로가 엄청나게 판매되기 때문에 제과업계에게는 최고의 시즌이다. 연간 판매되는 빼빼로 매출의 50퍼센트 이상이 11월에 집중적으로 발생하고, 롯데제과의 빼빼로를 흉내낸 제품들도 11월에 집중적으로 난무할 정도로 엄청나다. 이처럼 반복 마케팅의 기회를 만들기 위해 기업은 특정한 날을 이용하고자 끝없이 노력한다. 3월 3일 삼겹살 데이, 5월 2일 오이 데이 등도 같은 맥락에서 생각해볼 수 있다. 한번 잘 뿌려둔 씨앗은 오랫동안 반복적으로 수익을 안겨다주는 스테디셀러가 되기 때문이다.

불황의 징후에도
경제논리는
숨어 있다

불황기에 유난히 원색에 가까운 차나 옷을 선호한다는 말이 있다. 심지어 불황이면 어렵고 답답한 고민을 칫솔질로 풀기 때문에 칫솔과 치약의 판매가 증가한다는 말도 있다. 사실 이러한 루머는 일종의 스토리텔링 마케팅에 근거한다. 해당 업계가 이런 소문을 내기 때문이다. 립스틱, 소주, 러브호텔 등도 불황일 때 갑자기 소문으로 떠도는 대표적인 품목들이다.

하지만 사람들은 불황이라고 해서 기분전환을 위해 디자인을 먼저 고려하지 않는다. 과연, 당신이라면 새차를 구입할 때 불황을 염두에 두고 컬러를 선택할 것인가? 백화점에 쇼핑을 나갔는데 불황을 염두에 두고 옷을 살 것인가? 모든 소비자가 애국자는 아니다. 나라의 경제를 마음속 깊이까지 걱정하며 자신의 쇼핑을 계획하는 사람은 별로 없다.

하지만 이 모든 상황을 경제적인 관점에서 바라본다면 이야기는 달라진다. 예를 들어 은색 계통의 자동차는 유행도 덜 타고 세차를 자주 하지 않아도 지저분해 보이지 않는다. 차에 스크래치가 생겨도 눈에 잘 띄지 않고, 때도 덜 타기 때문에 은색 자동차는 가장 경제적이다. 그러므로 불황기에 알록달록한 차가 은색 계통의 차보다 더 잘 팔린다는 가설은 쉽게 납득하기 힘들다. 오히려 은색 계통 차량만 너무 많이 팔리니까 재고로 먼지만 쌓여 있는 다른 차들을 팔기 위한 마케팅적 발상은 아닐까?

실제로 호황과 불황을 체크하는 생활 속 지표들은 존재한다. 미국 연방준비제도이사회의 의장이었던 앨런 그린스펀Alan Greenspan이 금리정책을 결정하기에 앞서 생활 속 지표를 살펴본다는 일화는 유명하다. 그는 대표적으로 뉴욕 시의 쓰레기 배출량과 세탁소를 방문하는 손님들의 숫자를 유심히 살폈다고 한다. 경기가 좋아지면 가정에서의 쓰레기 배출량이 많아지고, 세탁소에 옷을 맡기는 손님도 늘어나기 때문이다. 여성 속옷의 매출 추이도 지표로 활용된다. 비싼 겉옷을 사지 못하는 대신 상대적으로 값싼 속옷을 통해 패션 소비욕구를 채우고 심리적으로 위안을 삼는다는 논리다. 영국의 경제주간지인 〈이코노미스트〉도 여성 속옷과 경기의 연관성을 다뤘으며, 그린스펀 역시 브래지어의 판매량을 참고했다. 사소한 관찰을 통해 경기지표를 찾아냈던 것이다.

신사복 구매력, 보험 해지율, 할인점 계산대의 줄 길이, 놀이공원 행락객 수, 고속도로 통행량 등도 생활 속 지표에 해당된다. 이들 지표는 주위에서 쉽게 찾아볼 수 있다. 어렵고 복잡한 경제현상을 생활 속 지표를 통해 한번에 읽어낼 수 있는 간편함이 여기에 담겨 있다.

불황일 때 쉬지 않고 나타나는 미니스커트 타령은 전혀 논리적이지도, 경제적이지도 않지만 패션을 경제와 연결하려는 시도는 존재해왔다. 디자인은 시각적으로 받아들여지기 때문에 경제나 사회현상과 연결시켜서 설명하면 사람들은 빠르고 쉽게 흥미를 갖는다. 직설적이면서 쉽게 볼 수 있으므로 디자인을 통한 사회, 경제적 해석은 빈번히 발생한다.

디자이너와
CEO가
함께 그리는 세상

"비싼 광고로
소비자를 혼란시키지 말고
보기 드문 상품을 디자인하는 데
더 많은 돈과 시간을
투자하라"

필립 코틀러 노스웨스턴 대학 켈로그 경영대학원 교수

'주부 김민희 씨는 앙드레 김이 디자인한 아파트에 산다. 그녀는 매일 아침 앙드레 김이 디자인한 침구에서 일어나고, 출근 및 등교를 준비하는 가족들을 위해 앙드레 김이 디자인한 도자기에 아침식사를 준비한다. 앙드레 김이 디자인한 냉장고에는 어젯밤 미리 준비해둔 샐러드와 과일이 맛깔스럽게 담겨 있다. 출근하는 남편에겐 앙드레 김이 디자인한 넥타이를 매줬다. 가족들이 집을 나서면 그녀는 지난 주말 남편과 함께 골프를 치느라 입었던 앙드레 김 골프웨어를 세탁한다. 오늘은 아침부터 많이 더울 거라는 일기예보를 보고서 앙드레 김이 디자인한 에어컨을 켜서 땀을 식힌다. 무심코 천장을 바라보니 최근 인테리어를 바꾸면서 앙드레 김이 디자인한 조명을 설치했다는 사실을 깨닫고서 기분이 좋아졌

다. 이제 슬슬 외출할 시간이다. 외출 시에는 언제나 앙드레 김이 디자인
한 의상과 주얼리를 착용한다. 그녀의 가치를 한껏 높여주기 때문이다.
오늘은 특별히 앙드레 김이 주최하는 자선바자회에 참석하기로 했다. 이
처럼 그녀는 앙드레 김이 디자인한 브랜드의 영향권에서 일상을 시작하
고 끝낸다.'

최근 몇 년간 앙드레 김은 전방위 영역을 넘나들며 패션 디자이너에
서 토탈 디자이너로 가치를 빛내고 있다. 실제로 그가 작업한 제품들은
최고의 수익을 올리고 있기 때문에 그는 패션계를 뛰어넘어 경제계의 흥
행 보증수표나 다름없다.

2005년부터 홈쇼핑을 통해 판매되고 있는 앙드레 김의 여성속옷 브랜
드인 엔카르타는 시간당 4억~5억 원의 판매고를 올리며 개시 첫날부터
베스트셀러로 자리잡았다. 앙드레 김이라는 브랜드를 전면에 내세우기
는 했지만 속옷치고 가격도 높다.

삼성 래미안이 앙드레 김과 공동으로 작업하고 2005년 7월에 분양한
목동 트라팰리스는 최고 37대 1의 경쟁률을 기록했다. 앙드레 김의 드레
스에서 연상되는 화려함과 로맨틱함이 그대로 적용되었는데 런칭을 기
념해 모델하우스에서 패션쇼도 개최하여 좋은 반응을 얻었다.

2007년에 출시된 대방포스텍의 앙드레 김 라이팅^{Lighting}은 앙드레 김
이 보여줄 수 있는 최고의 고급스러움을 표현했기 때문에 외국 조명제품

이 주도하던 고급 건축시장에 국내 업체의 시장 진입이라는 긍정적인 효과를 거둘 수 있었다.

2008년 3월 한국도자기에서 출시한 '웨딩마치 홈세트' 식기세트는 앙드레 김의 웨딩드레스에서 콘셉트를 얻어 디자인했으며 신혼부부들에게 커다란 사랑을 받고 있다.[01]

현재 패션계를 넘어 사회, 문화 전반에 걸쳐 앙드레 김은 하나의 아이콘이다. 앙드레 김이 제작하는 의상은 순백색의 드레스를 연상시키는 초고가라 알려져 있지

그림 3-1 앙드레 김이 디자인한 지펠 냉장고

만 이러한 콘셉트가 다른 제품에 적용되었을 때는 우아함과 격조 높은 제품으로 재생산될 수 있다.

과거의 앙드레 김은 패션 디자이너였지만 현재와 미래의 문화를 이끄는 앙드레 김은 디자인 시대를 주도할 전방위 디자이너로 평가받을 것이다. 패션에서 시작했지만 패션에만 머물지 않고 속옷, 안경, 침구, 조명,

---

01 출처: 이윤주, '디자이너 브랜드 선두 주자 앙드레 김', 〈주간한국〉 2008년 7월.

냉장고, 에어컨, 도자기, 신용카드, 심지어 아파트에 이르기까지 다양한 영역에서 사업을 펼치고 있는 디자이너가 바로 앙드레 김이다.

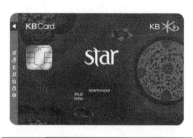

기업은 돈이 된다면 뭐든지 만들어낸다. 기업의 도덕성 문제를 제기할지도 모르지만 기업이 이익집단이라는 사실을 잊지 않는다면 쉽게 이해할 수 있다. 그러니 요즘 돈이 되는 코드인 디자인은 기업의 끝없는 관심을 받고 있다. 유명 디자이너들이 산업계 전체로 진출하는 이유가 바로 이 때문이다. 그들 자체가 마케팅 도구이기 때문이다. 그리고 앙드레 김은 그중 최전방에 서서 패션계가 진출하고 있는 또 다른 돌파구를 지휘하고 있다.

그렇다면 왜 패션 디자이너일까? 그들은 소비문화의 선두에 있으며 대중적인 인지도도 갖추고 있다. 즉 상품성이 있다는 의미다. 그러니 기업은 그들의 값어치를 알아채고 콜라보레이션 collaboration 을 제안하는 것이다. 프라다 Prada, 베르사체 Versace, 구찌 Gucci 와 같은 세계적인 명품 브랜드들이 기업의 신제품에 활력을 불어넣어주는 이유가 바로 이 때문이다.

디자인은
최고의
만능 키워드다

최근 기업의 수많은 영역에서 디자인이라는 표현은 유행처럼 번져가고 있다. 디자인경영은 이미 삼성을 시작으로 국내에 정착한 지 10여 년이 지났고 제품은 기술보다 디자인을 입은 지 오래다. 심지어 유명 디자이너가 광고모델로도 출연하면서, '디자인'이란 키워드가 광고에 범람하고 있다. 디자인은 이미 만능 키워드로 기업의 구석구석을 훑고 다닌다.

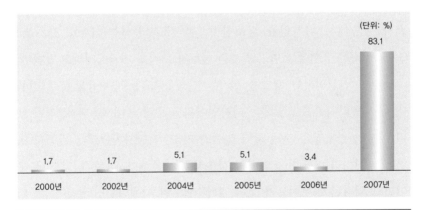

(단위: %)

2000년	2002년	2004년	2005년	2006년	2007년
1.7	1.7	5.1	5.1	3.4	83.1

그림 3-3 기관 내 디자인(도시경관) 관련 전담부서 설립시기

출처: 2007년 산업 디자인 통계조사, '공공디자인 개발 현황 및 실태조사 – 지방지치단체',
디자인진흥원(www.designdb.com), 2008년 2월.

■ 0원 ■ 1억원 이하 ■ 5억원 이하 ■ 10억원 이하 ■ 10억원 이상 □ 모름/무응답 (단위: %)

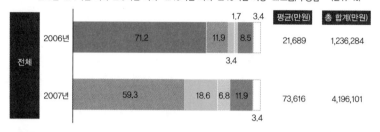

		평균(만원)	총 합계(만원)
전체	2006년 71.2 / 11.9 / 8.5 / 1.7 / 3.4 / 3.4	21,689	1,236,284
	2007년 59.3 / 18.6 / 6.8 / 11.9 / 3.4	73,616	4,196,101

그림 3-4 디자인 전담부서 예산

출처: 2007년 산업 디자인 통계조사, '공공디자인 개발 현황 및 실태조사 – 지방지치단체',
디자인진흥원(www.designdb.com) 2008년 2월.

덕분에 오늘날 우리는 '디자인 홍수시대'를 살고 있다.

'당신의 하루를 디자인하라' '금융을 디자인하라' '생활을 디자인하라'는 표현도 너무 많이 등장하다 보니 라이프스타일까지 디자인해야 하는 것은 아닌가 싶다. KTF는 'Design by KTF'를 언급하며 자사의 서비스와 상품에서 디자인을 강조한다. 한국토지공사는 'Land Design Gallery'라는 표현을 쓰며 스스로를 국토와 도시의 디자이너라고 말한다.

예전에 건설회사는 광고를 할 때 '시공능력'과 '수주규모'를 전면에 내세웠다. 하지만 오늘날에는 디자인어워드 수상을 내세운다. 그러다 보니 디자인 공모전은 전례 없이 늘어만 가고, 지방자치단체나 관공서 또한 디자인이라는 표현을 약방의 감초처럼 사용한다. 뭐든 '디자인'을 붙이면 그럴싸하게 보이는가 보다. 고급 생수인 시에나워터^{Siana Water}는 디자인워터를 표방하고 있으며 심지어 생수통에 DESIGN이란 키워드를 새겨 놓았다.

90년대 후반부터 2000년대 초반까지 '디지털'이란 키워드가 대한민국을 강타했던 상황을 재연한 듯싶다. 이러다가 '당신의 죽음을 디자인해드립니다'라는 표현마저 나오는 것은 아닌지 모르겠다.

도시도 디자인 열풍에 사로잡혀 있다. '디자인'으로 자기 지역을 홍보하려는 관공서가 전국에 넘쳐난다. 226개의 지방자치단체 중 디자인 전담부서가 있는 곳은 59개로, 전체의 26퍼센트에 이른다. 디자인 전담부서의 설립 시기를 살펴보면 지방자치단체의 83.1퍼센트가 2007년에 설립되었다. 기존에 있던 부서를 이름만 바꿔놓은 경우도 있지만 새로 신설된 경우도 많다.

지방자치단체들은 도시디자인 개념을 2000년대 초부터 도입하기 시작했다. 당시 상당수의 도시들이 디자인 계획을 자체적으로 수립했으나 단체장과 해당 공무원, 그리고 시민들의 인식 부족으로 제대로 된 성과를 얻지 못했다. 하지만 서울시가 야심차게 추진한 청계천 복원사업에 이어 2007년 '디자인 서울' 선포 후 경관법과 건축기본법은 친 디자인적으로 바뀌었다. 특히 실용정부는 국토환경 디자인 정책을 내세우며 전국적인 관심을 불러일으켰다.

지방자치단체의 디자인 전담부서는 2007년에 신설된 경우가 많았기 때문에 2006년에는 디자인과 관련된 예산이 거의 없었다. 2007년이 되어서야 '1억 원 이하'라고 답한 자치단체가 59.3퍼센트에 이르렀다. 하지만 2007년을 기점으로 디자인을 바라보는 지방자치단체들의 인식이 달라졌기 때문에 관련 예산이 전년도에 비해 크게 늘어난 것은 사실이다. 예산 기준으로 보면 2006년 대비 2007년에 3.4배 정도가 증가했다.

우리의 일상은
디자인과
공존한다

도시디자인이 정부의 공공정책에 맞게 계획적으로 움직이다 보니 우리는 길을 오고가며 변화하는 도시의 모습을 볼 수 있다. 우선 거리의 표지판과 간판은 하나의 콘셉트를 가지고서 재정비되고 있다. 건물을 덕지덕지 뒤덮은 알록달록한 표지판과 간판이 아니라 깔끔하게 정리된 표지

그림 3-5 신세계백화점 본점 리모델링 외벽 가림막

판과 간판은 '디자인 서울'을 대표하는 얼굴이다. 환경을 고려한 이런 변화는 서울뿐 아니라 대한민국의 가치를 전 세계에 심는 초석이다.

행정 차원에서 공공성을 갖는 디자인적 노력만이 아니라 기업 역시 도시의 미관을 최대한 존중하려고 노력한다는 사실은 고무적이다. 대표적인 예로 공사장 가림막을 들 수 있다. 과거에 공사장 가림막은 도시의 흉물스러운 존재였다. 안전 표시가 그려진 노란색 천막이 공사장을 무미건조하게 가리고, 시민들은 통행의 불편함과 함께 시각적 불편함도 감수해야 했다.

그런데 최근 공사장 가림막은 공공디자인 역할도 하고 기업의 이미지마저 긍정적으로 바꾸는 문화마케팅 도구로 인식되기 시작했다. 이런 경

그림 3-6 광화문 가림막 상징 조형물 　　　　　　　　　　　　　　(사진제공: 박건주)

그림 3-7 금호아시아나 리모델링 외벽 가림막

향은 신세계백화점이 본관 재건축을 발표하면서 외벽을 초현실주의 작가인 르네 마그리트 René Magritte 의 〈겨울비 Golconde〉로 꾸며 시민들의 디자인 감각을 한껏 올려준 것을 계기로 널리 퍼졌다.

광화문 가림막을 비롯해 신문로에 위치한 금호아시아나 신사옥의 신축 현장 아트펜스, 서울역 앞 대우빌딩의 리모델링 현장 가림막, 시민들의 사진 6만 장을 조합해 서울의 모습을 표현한 서울시청의 신청사 건립 공사장 가림막 등은 디자인이라는 옷을 입고서 시민들을 맞고 있다.

디자인은 기술을 뛰어넘어 바로 소비자에게 소구된다. 사실 기술의 발전 속도는 어느 기업이든 크게 다르지 않다. 그렇기 때문에 소비자는 꼭 내 것이어야 하는 디자인에만 관심을 갖는다. '음식이 맛만 있으면 되지'라고 외치던 시대는 끝났다. 소비자는 분위기, 내부 인테리어, 소품들, 테이블 세팅, 푸드 데코레이션까지 더해진 가치를 지불할 용의가 있기 때문이다.

유명 디자이너의 황금기가 왔다

대한민국 정부부터 각 지방 주요 자치단체들은 디자인 산업이 황금알을 낳는 거위라고 인식하고 있다. 그러다 보니 이 산업은 지속적으로 발

구분	국가	공동개발품
뱅&올룹슨	덴마크	명품 휴대폰, 블루투스
베시 존슨	미국	휴대폰
베르사체	이탈리아	휴대폰
아르마니	이탈리아	명품 휴대폰
재스퍼 모리슨	영국	냉장고, 오븐 등
앙드레 김	한국	냉장고, 세탁기 등
김혜순	한국	김치냉장고
김영세	한국	일체형 모바일단말기

표 3-1 삼성전자와 협력한 주요 디자이너 및 명품업체

출처: 삼성전자

전할 것이 분명하다. 또한 이는
국내외 유명 디자이너들에게 새
로운 기회다. 하지만 문제는 모든
디자이너들에게 적용되는 보편적
기회가 아니라 소수의 유명 디자
이너에게만 집중된 기회라는 점
이다.

〈표3-1〉은 삼성전자의 프로젝

트에 참여한 세계적인 디자이너들의 리스트다. 휴대폰, 냉장고, 세탁기
를 비롯해 많은 제품에 참여한 디자이너들의 이름만 봐도 세계 최고임을
알 수 있다.

과거에 기업들은 디자인에 그다지 관심이 없었다. 품질 좋고, 저렴하
면 소비자들의 사랑을 듬뿍 받을 것이라고 안일하게 생각했기 때문이다.
하지만 오늘날에는 상황이 많이 달라졌다. 기술 편차가 크지 않기 때문
에 디자인에서 승부를 볼 수밖에
없는 상황에 이르렀다. 하지만 대
기업과 달리 중소기업에게 디자
인은 여전히 멀게만 느껴진다. 엄
청난 비용 때문이다. 그래서 러닝
개런티running guarantee, 즉 일종의 인
세 개념이 중소기업에게는 해답
이 될 수 있다. 대표적인 사례로

레인콤 Reigncom 이 아이리버 iRiver 를 만들 때 이노디자인 Inno Design 의 김영세와 러닝 개런티 방식으로 계약한 바 있다.

지금까지 대한민국 기업들은 세계적인 감각을 키워야 한다는 명목 및 글로벌 시장을 노린다는 이유로 외국 유명 디자이너만 선호해왔다. 또한 정부와 서울시조차 도시디자인에 신경을 쓰면서 편향된 선호도는 더욱 증가했다. 동대문운동장을 동대문디자인플라자&파크로 변경하는 프로젝트를 빈 응용미술대학의 교수이자 세계적 건축가인 자하 하디드 Zaha Hadid 가 맡은 것을 비롯해서 국내 대형 프로젝트들이 외국 디자인 회사에게 더 많은 기회를 주는 것이 현실이다.

그렇다면 왜 한국 기업들은 외국 유명 디자이너만 선호하는 것일까? 답은 의외로 간단하다. 그들의 명성을 마케팅에 연결시키려고 하기 때문이다. '이게 누구누구가 디자인한 건데'라는 말을 써먹고 싶은 것이다. 디자인도 디자인이지만 기업들은 그들의 경제적 가치를 발견한 것이다. 디자인을 사겠다는 대외적 발표 이면에는 마케팅 활용방안이 자리잡고 있는 것이 사실이다.

또 역으로 생각하자면 외국 유명 디자이너들은 굳이 한국행을 마다할 이유가 없다. 그들은 한국 시장이 아니라 중국시장을 바라보고 있기 때문이다. 한국은 중국 진출의 교두보인 셈이다. 서로의 이

그림 3-10 안나 수이와 협력한 안나수이폰

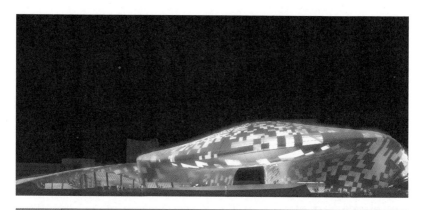

그림 3-11 자하 하디드의 동대문디자인플라자 설계안 '환유의 풍경'

해관계가 맞아 떨어졌으니 손을 잡는 것은 당연하다.

그러나 지나친 디자인 사대주의는 국내 디자인 산업에 커다란 문제로 자리 잡을 수 있다. 디자인은 기업과 제품이 타깃으로 하는 문화권에 대한 이해가 필수다. 그런데 디자이너의 명성만 좇아 제대로 된 이해없이 그들의 한국행만 부추긴다면 질적인 저하라는 문제만 낳을 것이다.

결국 이러한 문제 제기는 무엇보다도 외국 유명 디자이너와의 콜라보레이션이 성공을 보장해주지는 않는다는 사실을 주지시키기 위해서이다. 문화 코드가 맞지 않아서, 의사소통이 제대로 이루어지지 않아서 실패한 경우가 다수 있기 때문이다. 동시에 국내 소비환경, 문화적 이해, 기업문화에 능한 국내 디자이너들을 적극 육성하여 대한민국 디자인 산업의 질을 한 단계 업그레이드시키는 계기가 되었으면 하는 바람도 있다.

디자인이
만들어낸
크로스오버 세상

21세기에 들어서면서 패션, 건축, 제품, 그래픽 등 디자인이라 칭할 수 있는 모든 영역은 서로 뭉쳤다가 흩어지기를 반복한다. 하지만 그중에서도 패션과 건축의 결합은 유난히 돋보인다. 삼성 래미안과 앙드레 김의 공동 프로젝트 진행, 금호건설 어울림과 리첸시아가 디자이너 이상봉에게 콜라보레이션을 제안한 사례 등 최근 패션 디자이너들은 건설회사의 뜨거운 러브콜을 받고 있다.

이는 일종의 디자인 컨버전스 Design Convergence 다. 패션과 건축이라는 낯선 장르가 만나 수요를 창출하고 있기 때문이다. 건축에서 중요하게 다루어온 실용성과 심미성이 패션을 만나 심미성에 더욱 큰 힘이 실렸다는 의미이기도 하다. 이제 건축은 패션처럼 더욱 화려해지고, 더욱 도발적이고, 더욱 혁신적으로 영역이 확장되면서 디자인적 진화를 거듭하고 있다. 그동안 디자인은 각자의 틀 안에서 독자적으로 진화해왔지만 이젠 그 틀을 깨고 서로가 결합하고 있다.

지난 몇 년간 디자인 영역이 크로스오버 crossover 되면서 조르지오 아르마니 Giorgio Armani 가 벤츠 Benz 의 내부 인테리어를 디자인한다던지, 톰 포드 Tom Ford 가 에스티로더 Estee Lauder 의 화장품 패키지를 디자인하고, 필립 스탁 ^{Philippe Starck} 이 부티크 호텔을 디자인하는 등 전문 영역을 자유롭게 넘나드는 디자인 콜라보레이션을 심심찮게 만날 수 있다. 디자이너의 이름을 내건 리미티드 에디션 ^{Limeted Edition} 과 디자이너의 브랜드 라인도 계속해서 출시되고 있다. 물론 이러한 현상은 필립 스탁이나 마크 뉴슨 ^{Marc Newson} 처럼 라이프스타일 디자인계를 전방위적으로 종횡무진하는 디자이너들이 계속 시장에 뛰어들기 때문이기도 하다. 하지만 주 무대를 벗어난 분야에서도 실력을 발휘하고자 하는 디자이너들은 시장이 그들을 기다리고 있기 때문에 영역을 확장하고자 한다.

이제 카림 라시드는 CI 디자이너로도 널리 알려져 있다. 한화가 창립 55주년을 맞아 리뉴얼한 CI인 '한화 트라이서클'은 그가 창조했다. 세계적인 산업 디자이너인 그는 CI 전문 디자이너가 아니다. 그런 면에서 CI 전문 회사가 아닌 산업 디자이너에게 CI를 의뢰한 한화의 시도는 매우 이례적이다.

하지만 카림 라시드가 다른 영역을 넘나드는 제안을 받은 것은 이번만이 아니다. 그는 현대카드의 VVIP 카드인 '더블랙 ^{The Black}'을 통해 브랜딩 디자인을 시도한 전력이 있다. 앙드레 김 역시 KB카드를 디자인했는데 이들에게는 확실한 색깔을 보여주는 디자인 모티브가 있기 때문에 이러한 시도가 가능했다. '테크노 시인'이라 불리는 이스라엘 출신의 산업 디자이너인 아릭 레비 ^{Arik Levy} 는 국내 아웃도어 브랜드인 코오롱스포츠와 함께 2007년 봄·여름을 겨냥한 '트랜지션 라인'을 디자인해 패션 디자이너로 데뷔하기도 했다.

그런가 하면 산업 디자이너인 론 아라드 ^{Ron Arad} , 슈즈 디자이너인 마놀로 블라닉 Manolo Blahnik, 패션 디자이너인 폴 스미스 Paul Smith 는 북 커버 Book Cover 를 디자인했다. 영국의 펭귄출판사는 작년 말 '펭귄 클래식' 16주년을 맞이해 이들에게 고전 명작을 재해석한 북 커버 디자인을 의뢰했다. '디자이너 클래식'이라 명명된 이 특별한 에디션에는 그래픽 디자인 그룹인 퓨엘 Fuel, 사진작가이자 비디오 아티스트인 샘 테일러 우드 Sam Taylor Wood 도 참여했다. 이들 다섯 명의 디자이너들은 자신이 가장 좋아하는 고전의 북 커버를 디자인했는데 마놀로 블라닉은 《보바리 부인 Madame Bovary》, 샘 테일러 우드는 《밤은 부드러워 Tender Is the Night》, 폴 스미스는 《채털리 부인의 사랑 Lady Chatterley's Lover》, 론 아라드는 《백치 The Idiot》, 퓨엘은 《죄와 벌 Crime and Punishment》을 선택해 실력을 발휘했다. 권당 1,000부로 한정된 '디자이너 클래식' 시리즈는 발간되자마자 '당연히' 큰 화제를 불러 모았다. 권당 약 18만 원 정도의 높은 가격임에도 불구하고 출시되자마자 곧 품절이 되어버렸다.

사실 이러한 기회는 스타 디자이너에게나 가능하다. 사람들은 그들의 실력을 의심하기보다는 이러한 기회를 마음껏 즐길 준비가 되어 있기 때문이다. 그들 자신이 지니고 있는 브랜드 파워는 홍보 수단으로까지 이용될 수 있다. 그러므로 디자인이 대중화될수록 스타 디자이너들의 영역 확장은 계속 될 것이다.

전문 분야의 장점을 살려 디자이너로 데뷔하는 경우도 있다. 홍대 부근의 내과와 소아과 병원인 제너럴닥터포레지던트 General Doctor for Residents 의 김승범 병원장은 메닉디자인이라는 병원 인테리어 디자인 회사도 운영하고 있다. 그는 의사이기 때문에 병원이 필요로 하는 것, 환자가 필요로 하는 것을 잘 안다. 그래서 그는 기존의 병원스러움에서 벗어나 친환자적인 병원을 만들고자 노력한다. 소아과 병원은 철제 침대 대신 나무 침대로 꾸며져 있다. 끝에 사탕을 단 나무 압설자^{혀를 누르는 의료기구} 는 그가 직접 디자인하여 특허출원도 했다.

의사가 의사 마음을 가장 잘 알기 때문에 그는 환자들을 위한 니즈를 반영한 것이다. 결국 메닉디자인은 병원 인테리어 시공을 많이 했던 기존의 디자인업체들에게 커다란 위협이 되고 있다. 병원의 인테리어를 의뢰할 병원 관계자라면 의사로서 병원에 대한 이해, 환자에 대한 관심, 디자인 적용 후의 운영경험 등을 고루 갖춘 이런 회사가 진행하는 시공에 더욱 관심이 갈 것이다. 이는 특정 업체를 홍보하기 위함이 아니라 그동안 시도 되지 않았던 의료 분야 전문가, 즉 의사가 디자인 영역에 진입한 사례이기 때문에 주목할 필요가 있다.

디자인은 시각적 영역에서 진일보하여 퍼놀로지^{funology} 디자인, 유니버셜^{universal} 디자인, 친환경 디자인으로까지 확장된다. 아울러 디자인과 전혀 상관없는 영역도 디자인과의 조우를 시도한다. 이러다가 디자인은 종교, 군대, 식품에 이르기까지 모든 영역과 손잡을지도 모른다.

그러나 디자인산업이 양적으로 팽창하고 있지만 디자인 업계와 디자이너의 입지가 커질지는 미지수다. 경영학계는 디자인경영으로, 정치계는 디자인정치로, 기업은 디자인경영과 디자인마케팅으로 공략한다. 그러는 사이에 디자이너가 가져야 하는 기회들은 상대적으로 줄어든다. 결국 디자이너는 상대적으로 디자인에서조차 소외될지도 모른다.

진화에
진화를 거듭하는
디자인경영

디자인경영이 진화하면 주류를 뛰어넘어 틈새나 비주류에서 찾아낸 디자인도 강조해야 한다. 현대카드는 애뉴얼리포트 ^{Annual Report, 한 해 동안의 사업 실적을 공개하는 연감 중 하나} 디자인 관련 상 수상을 내세워 이를 기업의 가치 및 경쟁력임을 자랑하는 광고를 선보였다. 또한 보이지도 않는 카드 옆면에 컬러를 넣어 디자인 차별화를 시도해 디자인이 나아가야 할 방향을 제시했다. 이는 디자인경영이 세심한 부분까지 영향을 미치고 있음을 보여주는 대표적인 사례다.

하지만 제품이나 서비스만이 아닌 숨겨진 부분까지 디자인을 해야 한다고 하니 기업은 디자인 강박증에 빠지기 쉽다. 이러다 겉보다 속을 강조하는 옷, 다양한 색상을 입힌 자동차 바닥까지 나올지도 모르겠다. 결국 디자인 인플레이션은 디자인 자체를 질리게 만들어서 소비자들의 외면을 받을 수도 있다. 뭐든 적당한 것이 좋다. 과유불급 ^{過猶不及}이란 말은 이럴 때 너무나 절실하다.

하지만 아이러니하게도 한편에서는 디자인 인플레이션을 고민하는데, 다른 쪽에서는 디자인경영 분야를 둘러싼 주도권 다툼이 치열하다. 학문적으로도 서로 주도권을 가지려고 각자의 입장에 맞는 커리큘럼들이 나오고, 산업적으로도 각자의 입장에 맞는 접근과 해석이 나온다. 이제껏 새로운 영역이 부각되고 새로운 시장이 만들어질 때마다 이런 일은 반복되어 왔다.

디지털 콘텐츠가 급부상했을 때 멀티미디어학, 신문방송학, 언론학, 국문학, 인문학, 심지어 컴퓨터 및 인터넷 관련 전공 등 수많은 영역들이 모두 뛰어들어 자신에게 좀 더 유리하도록 밥그릇 싸움을 벌였다. 새로운 영역에 조금이라도 연결고리가 닿으면 연관성을 짓고자 억지춘향 행동을 하기도 했다. 가령 국문학과가 문화콘텐츠학과로 바뀌었는데 교수는 똑같다거나, 공업고가 인터넷고로 바뀌었는데 교사들이 똑같다면 무슨 차이가 있겠는가?

디자인경영도 마찬가지다. 디자인계와 경영계가 기업의 이해관계를 배제하고 각자의 이해관계에 따라서 디자인경영을 임의로 해석하게 해서는 곤란하다.

결국 수요는 공급을 만들어낸다. 막연한 수요는 막연한 공급을 낳는다. 전방위적 디자인경영이 붐이 되어서 기업들이 디자인 강박증을 가지면 가질수록 디자인경영을 밥그릇으로 보고 덤비는 시도만 많아진다. 사실 디자인경영의 최대 수혜자는 기업이 되어야 하며, 디자인경영의 주체는 전사적 디자인 마인드를 함양한 기업 내 임직원이 되어야 한다. 결국 디자인경영의 주도권은 기업이 가져야 한다.

디자인
인플레이션은
또 다른 기회다

우리는 디자인 만능시대에 살고 있다. 10여 년 전 대한민국을 뒤흔들었던 '디지털'이라는 키워드는 이제 공기처럼 아주 자연스럽게 우리 삶에 녹아들었다. 이제는 디자인이 대세다. 기업과 정부는 디자인을 만능 키워드처럼 여기저기 다 갖다 붙인다. 오히려 너무 흔해져서 가치가 퇴색되고 있다. 요즘 회사명이나 상품명에 '디지털'이란 말이 사라져 버린 것도 같은 이유다. 흔해지면 그때부터는 오히려 마이너스 효과가 생긴다.

마케팅 차원에서 갖다 붙인 만능 키워드도 유행을 타고 금방 뜨거워졌다가 사라지기를 반복한다. 기업은 이제 디자인이라는 만능 키워드를 새로운 마케팅 기회로 삼을 수도 있지만 소비자에게 고스란히 전가될 비용 증가라는 위험부담을 꺼리고 있다.

하지만 우려보다 기대가 더 큰 것은 사실이다. 실제로 디자인이 남용되는 이유는 효과가 있기 때문이다. 기업이 광고나 마케팅 등에 디자인 키워드를 적극 활용하는 이유는 경제적 효과 때문이다. 정부나 자치단체 역시 정책이나 슬로건 등에 이를 이용하는 이유는 정치적 효과 때문이다.

디자인 인플레이션은 국가, 개인, 기업 모두에게 새로운 기회이자 경계 대상이다. 그러므로 디자인 관련 산업은 이를 반기기도 한다. 쉽게 생각하면 도시디자인 차원에서 아파트를 정기적으로 도색한다면 페인트업계와 도색업체들은 새로운 기회를 잡을 수 있다. 또한 간판 정비사업을 통해 기존 간판을 모두 바꾼다면 간판업계는 호황을 맞게 된다. 정부나 지방자치단체의 디자인 과잉이 관련 사업에는 새로운 기회의 장이 된다.

디테일에
소홀한
디자인 허풍

청담동에 새로 오픈한 한 최고급 레스토랑은 고급스러운 인테리어를 위해 막대한 돈을 쏟아 부었지만 메뉴판은 스프링으로 제본해 스스로의 가치를 떨어뜨리는 실수를 범한 적이 있다. 메뉴판은 소비자가 직접 손으로 만지고, 가까이서 눈으로 볼 수밖에 없는 중요한 도구이자 레스토랑의 수준을 가늠하는 데 중요한 영향을 미친다. 그럼에도 불구하고 세심한 부분에서 신경을 쓰지 못해 이렇게 저급 레스토랑 수준으로 변해버리는 사례는 사실 비일비재하다.

유명 인테리어 디자이너에게 의뢰하여 수억 원에서 수십억 원에 이르는 공사를 하고서, 막상 가짜 판톤 의자나 가짜 바르셀로나 의자를 갖다 놓는 사무실이나 건물도 꽤 많다. 인테리어 디자이너는 분명 진짜 제품을 추천했을 것이다. 하지만 건물주는 최종 시공단계에서 '누가 알아보겠어?'라며 돈을 아낀다는 명분으로 위안을 삼았을 것이다. 그렇게 아껴봐야 인테리어 공사비에 비하면 얼마 되지도 않는다.

　서울시가 저지른 실수도 있다. 74억 원을 들여 개최한 서울디자인올림픽에서 실례를 찾아보자. 주요 전시장에 세부 안내 표지판이 없는 경우가 많았는데 그나마 있다고 해도 A4 용지에 손으로 대충 적은 듯한 표지판이 대부분이었다. 심지어 위치 표시가 잘못되어 사람들에게 혼선을 준 표지판도 부지기수였다. 74억 원을 투자한 국제 디자인 행사가 결국 세세한 곳에서 신경을 쓰지 못해 관람객 및 해외 바이어들에게 어처구니없는 실수를 한 것이다. 디자인 행사가 아니었어도 문제인데, 국제 디자인 행사에서 이런 상황이 발생했다는 것은 서울시의 디자인 마인드를 평가하는 데 중요한 계기가 되었다고 할 수 있다. 사소한 것에도 소홀한데 큰 것에서는 제대로 평가를 받을 수 있겠는가?

　디자인은 감성적 욕구에 반응하기 때문에 디테일도 최대한 신경 써야 한다. 옥의 티라고 무시하다가는 결국 티가 옥의 가치를 심각히 훼손하게 된다. 최고의 기술과 기능을 가진 제품에 최적의 디자인을 적용해놓고서 막상 포장에 소홀하여 제품의 가치를 반감시키는 경우가 많다.

삼성의 디자인이
소니의 기술을
이기다

"디자인이란
　세련된 제품을 개발하는 것
　이상을 의미한다"

벳시 스티븐슨 와튼스쿨 교수

"왜? 아니 어쩌다가 소니는 삼성전자에게 역전 당했을까? 음악을 사랑하는 모두에게 혁신적인 경험을 선사했던 워크맨^{Walkman}을 발명한 소니가 아니던가? 가전제품 시장에서 'Best of the Best'였던 브랜드가 바로 소니다. 경험가치 디자인을 전 세계에 퍼지게 한 최고의 소니가 왜 삼성전자에 맥없이 뒤쳐지고 만 것일까?"

사실 소니는 삼성전자에 진 것이 아니라 시장과 소비자에게 졌다. 소니가 혁신적인 경영 전략을 펼치지 못하고 주춤하는 사이에 삼성전자는 소니를 추월했다. 두 회사가 유난히 비교되는 이유는 선발주자인 일본의 소니와 후발주자인 한국의 삼성전자라는 관계, 즉 선발과 후발, 일본과 한국, 그리고 각국을 대표하는 기업이라는 점 때문이다.

일본 디베이트연구협회가 쓴 《세계 최강기업 삼성이 두렵다》에는 '일본을 모방해서 출발한 삼성이 지금 일본이 텃밭으로 자부해온 분야를 휩쓸고 있다'는 내용이 있다. 과거에는 소니와 삼성전자를 비교하면 한국은 '그래도 한국 최고 기업인데 소니랑 비교해도 손색없겠지'라고 생각했지만 일본은 '감히 어디랑 비교하는 거야'라며 달갑지 않게 받아들였다. 하지만 이젠 상황이 역전되었다.

일본의 경제주간지인 〈동양경제 東洋經濟〉 2009년 1월 31일자에 따르면 소니는 2008년 가을부터 본사 회의실에서 '삼성전자 철저해부'라는 사내 포럼을 개최하고 텔레비전 사업 모델을 삼성전자에서 찾기로 결정했다고 한다.

> 〈동양경제〉는 '소니의 각종 노력에도 불구하고 삼성전자는 늘 눈앞에서 소니를 가로막았다'며 '삼성전자는 항상 빠르고 싸게, 또한 세계 구석구석까지 제품을 수출해 소니에 체력 소모전을 강요해왔다'고 언급했다. 또한 '제품가격을 48시간 이내로 결정한다' '세계 7곳에 550명의 디자이너를 두고 디자인에 역점을 기울인다' 등 삼성전자의 전략들을 소개하며 이들은 모두 소니가 한번도 시도한 적이 없는 것들이라고 지적했다.
>
> 출처: 김희원, '벼랑 끝 소니, 삼성 엿보기', 〈한국일보〉 2009년 1월 30일자.

2004년은 삼성전자가 본격적으로 소니를 역전한 해다. 소니가 삼성전자에 역전 당한 시점을 이른바 '소니쇼크'라고도 하는데, 소니가 주춤하는 사이에 삼성전자는 바로 치고 올라갔다. 당시 국내와 일본 언론은 이 사실을 대대적으로 보도했다. 영원한 강자로 굳건한 아성을 지킬 것만 같았던 소니가 한참 후발주자인 삼성전자에게 역전당한 것이다.

그렇다면 삼성전자는 어떻게 소니를 이겼을까? 소니는 무엇 때문에 삼성전자의 추월을 허용할 수밖에 없었을까? 그 답은 디자인에서 찾을 수 있다. 소니를 능가한 삼성전자의 결정적 무기이자 소니의 결정적 허점은 바로 디자인이었다. 디자인으로 일어선 소니는 디자인으로 삼성전자에게 무너졌다. 결국 가장 강한 자신의 무기가 가장 위협적인 무기로 작용한 것이다.

기술력 기반에서 꽃피운 디자인이라는 감성 무기는 소니에게도 있었고, 삼성전자에게도 있었다. 다만 소니는 이를 계속 이어나가지 못했고 삼성전자는 지금까지도 계속 이어나가고 있다는 차이점이 있다. 그러므로 기업에게 디자인이 얼마나 중요한 경쟁력인지, 디자인이 지닌 경제적 가치는 얼마나 탁월한지를 살펴보고자 한다.

1989년부터 시작된 삼성전자의 디자인경영은 십 수 년이 훨씬 지나면서 빛을 발하게 되었고, 투자한 지 15년이 지나서야 비로소 소니를 이기는 데 커다란 원동력으로 작용했다. 기술이 니즈를 창출하면, 디자인은 원츠를 창출한다. 둘은 유기적으로 연결되고 진화하면서 새로운 기업 가치와 비즈니스 기회를 만들어낸다. 더 이상 소비자는 니즈에만 반응하지 않는다. 그들은 원츠도 기대한다. 기업은 이러한 이유로 기술뿐 아니라 디자인에도 투자해야 한다.

삼성전자와 소니는 여전히 시장에서 주도권을 지니고 있는 기업임에

틀림없다. 두 기업 모두 기술과 디자인이라는 탁월한 경쟁력을 쥐고 있기에 끝없이 성장하고 있다. 그들은 공통점이 많으면서 동시에 좋은 경쟁자다. 그러므로 두 회사의 발전상을 지켜보는 것은 흥미롭다.

소니와 삼성,
과거와 현재
그리고 미래

소니는 1946년에 설립되어 가전제품, IT, 게임 산업을 포함하여 소니 레코드, 컬럼비아픽쳐스를 비롯한 콘텐츠산업에 이르기까지 수십 년간 세계 전자산업을 주도한 글로벌기업이다. 삼성전자는 1969년에 설립되어 소니의 후발주자로 수십 년을 준비하여 D램을 비롯한 반도체산업, 백색가전과 애니콜 등으로 세계적인 글로벌기업이 되었다. 하지만 삼성전자보다 수십 년을 앞서던 소니는 2002~2003년을 기점으로 삼성전자에게 밀리기 시작했고 2004년 이후부터는 손쓰기에 이미 늦어버렸다.

2004년 삼성전자는 연매출이 금융 지분을 포함하여 84조 원에 이른 반면, 소니는 같은 시기 동안 78조 6,000억 원 7조 3,500억 엔, 당시 환율 기준에 불과하여 삼성전자는 소니를 이길 수 있었다. 2002년 삼성전자는 연매출

이 58조 5,000억 원. 소니는 한화 기준으로 80조 원[7조 4,700억 엔]이어서 22
조 원 정도의 격차가 벌어졌었는데 2003년 삼성전자는 연매출이 64조
8,000억 원이었고 소니는 70조 원에 이르면서 차이를 5조 원 정도로 좁
혔다. 그후 2004년에 비로소 삼성전자는 소니를 이겼다. 소니는 지금 와
신상담臥薪嘗膽하며 매출을 끌어올리기 위해 전사적으로 노력하고 있지만
삼성전자를 넘어서지는 못하고 있다.

　이런 역전현상은 브랜드 가치의 순위변화에도 영향을 미쳤다.
2001~2004년까지 계속 20위 정도에 머물던 소니는 2005년부터 28위
로 급격히 떨어졌다. 반면 2001년 42위에서 출발한 삼성전자는 2004년
소니에 가깝게 접근하더니 2005년부터 여덟 단계나 앞서는 역전을 이
뤄냈다. 이후 계속 20~21위를 유지하며 브랜드 가치를 높여가고 있다.

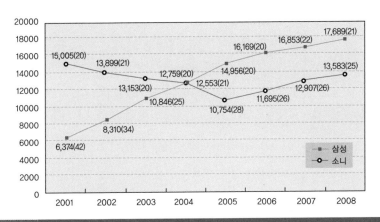

그림 4-1 삼성-소니 브랜드 가치 변화 추이

단위: 백만 달러 / 괄호 안은 브랜드가치 순위
인터브랜드(www.interbrand.com) 자료 취합 재구성

〈비즈니스위크〉와 〈인터브랜드〉가 2001년을 시작으로 매년 발표하는 'Best Global Brands'는 2008년 삼성의 브랜드 가치 평가액이 176억 8,900만 달러로 전체 21위이며, 소니가 135억 8,300만 달러로 25위를 차지했다고 발표했다.

1997년 6월 13일자 〈동아일보〉에 에세이 코너에 실린 이건희 전 삼성그룹 회장의 글을 기억해보자. 제목은 '디자인이 결정한다'였다. 10여 년 전, 아니 그보다 훨씬 이전부터 삼성전자는 디자인이 주는 경제적 가치를 이해했으며 이를 경영에 적극적으로 활용하기 시작했다. 특히 아래 글을 보면 이건희 전 회장의 디자인 마인드를 충분히 읽을 수 있다.

"몇 년 전 미국의 어느 경영학자가 쓴 글에서 '과거 기업들은 가격으로 경쟁했고 오늘날은 품질로 경쟁한다. 그러나 미래에는 디자인에 의해 기업의 성패가 좌우될 것이다'라는 내용을 읽고 나는 매우 공감한 적이 있다. 〔중략〕 나는 상품의 경쟁력을 기획력, 기술력, 디자인력이라는 세 가지 요소로 보고 있다. 이것은 과거에는 각각 더해지는 합의 개념이었으나 이제는 각각 곱해지는 승의 개념이다. 즉 과거에는 세 가지 결정 요소 중 어느 한 가지가 약하더라도 다른 요소의 힘이 강하면 경쟁력을 유지할 수 있었다. 그러나 곱셈 형식으로 표시되는 요즈음에는 기획력과 기술력이 아무리 뛰어나도 디자인이 약하면 다른 요소까지 그 힘을 발휘할 수 없고 경쟁력도 불가능해진다. 〔중략〕 우리 제품이 해외에 나가서 일본 제품과 상대하게 되면 꼭 마무리가 부족해서 문제가 되곤 했다. 그런데 지금은 마무리뿐만 아니라 외관도 문제가 되고 있다. 우리 제품의 외관이 선진 제품보다 뒤지는 탓에 국내외 시장에서 고객에게 외면당하고 제값도 못 받고 있다. 한국의 문화가 되고 자기 회사의 철학이 반영된 디자인 개념을 정립하는 작업을 혁명 차원에서 추진해나가야 한다. 그렇지 않으면 더욱 치열해지는 경제 전쟁에서 살아날 수 없다. 그러기 위해서 경영자는 젊은이들과 자주 대화하고, TV 드라마도 보면서 유행을 알고 디자인 감각도 키워야 한다. 또 개별 제품의 디자인에 대해서는 전문가의 의견을 존중해 섣불리 간섭하지 않아야 한다. 10대들이 쓰는 용품의 디자인을 50대 경영자들이 평가하는 경우가 있는데, 이는 자칫 선무당이 사람 잡는 결과를 가져온다."

최고경영자의 생각은 기업의 경영 전략 수립에 중요한 기반이 된다. 디자인경영의 필요성을 깨달은 최고경영자가 있었기 때문에 삼성전자는 디자인으로 세상을 평정할 수 있었다. 삼성전자의 디자인경영에는 두 사람의 역할이 컸다. 한 명은 이건희 전 회장이고 다른 한 명은 삼성전자의 디자인 고문이었던 후쿠다 다미오^{福田民郎}다. 후쿠다 다미오는 그 유명한 후쿠다보고서를 제출한 장본인이었다. 이 보고서는 이건희 전 회장에게 건네져서 삼성전자의 디자인경영 신드롬을 이끈 촉매제로 작용했다.

삼성이 마침내
디자인경영을
선포하다

1993년은 삼성전자를 발칵 뒤집어놓은 두 개의 사건이 발생한 해다. 두 사건을 계기로 삼성전자는 혁신을 준비하며 신경영을 선언했다.

첫 번째 사건은 1993년 이건희 전 회장이 미국의 백화점과 할인점의 전자제품 판매현장을 살피다가 발생했다. 당시 백화점과 할인점에서 삼성전자의 제품들은 3류 취급을 받으며 소비자로부터 외면받고 있었는데 그 상황을 이건희 전 회장이 목격했던 것이다. 한국에선 최고의 기업이자 브랜드였지만 막상 미국에선 3류 취급을 받고 있었으니 그가 받은 충격은 얼마나 컸을까?

이건희 전 회장은 급하게 사장단을 소집해 미국의 백화점과 할인점 등 자신이 둘러봤던 코스를 그대로 돌아보게 했다. 그후 곧바로 이건희 전 회장은 현지 법인 관계자들에게 연회장을 마련해서 삼성전자 제품과 일본 선진기업 제품을 비교 전시하라고 주문했다. 충격을 딛고 일어서려면 일본 제품들과 직접 비교하더라도 반성해야 한다는 의미였을 것이다. 이때 이건희 전 회장을 비롯한 삼성전자의 경영진들은 소니를 비롯해 일본의 전자회사들을 이기겠다고 다짐하지 않았을까?

같은 시기에 두 번째 사건이 발생했다. 삼성전자의 디자인 고문이었던 후쿠다 다미오가 작성한 '후쿠다보고서'가 이건희 전 회장에게 건네졌던 것이다. 교토공과대 디자인학부의 후쿠다 다미오 교수는 일본과 미국에서 산업 디자인을 전공했으며, 일본의 NEC 디자인센터, 교세라 디자인실 경영 전략팀을 거쳐, 1989년 삼성전자 정보통신 부문 디자인 고문으로 영입되었다.

후쿠다보고서는 '삼성전자 규모의 회사가 신제품을 만드는데 상품기획서가 없다' '상품을 디자인할 때 A안, B안, C안은 출발부터 개념이 다른데 윗사람들은 적당히 섞어서 제품을 만들라고 지시한다' '느닷없이 디자인을 사흘 안에 해달라고 주문한다' 등 삼성전자가 디자인을 바라보는 객관적인 문제점들을 적나라하게 분석한 56페이지짜리 내부 비판 보고서다.

당시 삼성맨들은 디자인하면 패션 디자인만 떠올릴 뿐 공업디자인과 상품디자인에 대한 개념이 없었다. 그래서 이 보고서에는 그러한 문제점을 신랄하게 담고 있었다. 뿐만 아니라 상품개발 프로세스에 관한 제언과 사업부제 실시에 따른 디자인 매니지먼트 방안 등도 담고 있었다. 한마디로 삼성전자는 디자인을 바라보는 이해가 없기 때문에 무식하다고 공개적으로 비판한 보고서였다.

이건희 전 회장은 1993년 6월, 회의차 프랑크푸르트로 가는 비행기 안에서 후쿠다보고서를 처음 읽었다. 그에게는 보고서 내용도 충격이었지만 이 보고서가 1991년 10월부터 세 차례나 상부에 전달되었지만 매번 묵살되었다는 사실이 더 큰 충격이었다. 결국 그는 삼성전자를 월드베스트로 이끄는 한마디를 했다. "마누라와 자식 빼고 다 바꾸라"는 '프랑크푸르트 신경영 선언'을 했던 것이다. 신경영 선언은 바로 디자인 혁신이자 성장의 원동력이었다.

그래서 일본 경제인들은 후쿠다보고서가 없었더라면 좋았을 텐데, 라며 아쉬워한다. 후쿠다보고서가 삼성전자에 디자인 혁신을 촉발시켰고, 그 덕분에 삼성전자는 눈부신 발전을 이루었는데 반대급부로 소니를 비롯한 일본의 전자회사들은 피해를 봤다는 이유에서다.

1993년 이후 삼성전자는 디자인 혁신을 지향하며, 본격적인 디자인경영 체제에 돌입하게 된다. 디자인경영센터 및 디자인뱅크시스템 구축, 명품 브랜드와의 협력 등을 통해 디자이너의 의도를 제품에 보다 혁신적으로 반영하기 시작한 것이다.

디자인경영센터는 국내뿐 아니라 도쿄, 상하이, 샌프란시스코, LA, 런던, 파리, 밀라노 등에 위치해 있는 해외 디자인연구소와 함께 운영되어 글로벌 디자인경영센터를 구축하는 데 거점이 되었다. 주요 도시에 해외 디자인연구소를 세우고 현지인을 채용해, 현지의 경험가치를 가진, 현지 지향적인 디자인을 만드는 것이 삼성전자의 신경영 전략이었다.

디자인뱅크시스템은 디자인과 관련된 각종 정보와 디자인안을 디자이너들이 쉽게 검색하여 활용할 수 있도록 한 대규모 데이터베이스를 말한다. 아울러 당장 사용하지 않는 디자인안이라도 이곳에 저장했다가 추후에 활용가능성 여부를 정기적으로 검토한다. 이런 데이터베이스가 디자이너 역량도 강화하고 동시에 디자인 수준도 더욱 높이고 있다.

아울러 명품 브랜드와의 협력을 통해 디자인 수준 및 가치도 높이고 있다. 뱅&올룹슨과 공동으로 명품 휴대폰인 세린을 개발했으며 베르사체, 아르마니 등과도 휴대폰을 공동으로 개발했다. 덕분에 삼성전자의 애니콜은 세계적인 명품 휴대폰으로 알려지게 되었다.

이러한 노력은 2000년 이후 서서히 결과로 드러나면서 삼성전자는 디자인어워드의 단골 기업이 되었다. 당연히 매출도 2000년 이후 가파른 증가세를 이어가고 있다. 디자인 혁신 10년 만에 소니를 추월한 삼성전자의 성공신화는 해외 주요 경영대학원의 단

그림 4-2 〈비즈니스위크〉 유럽/아시아판 표지

골 경영사례로 소개되고 있다. 2004년 11월 29일자 〈비즈니스위크〉 유럽/아시아판은 'SAMSUNG DESIGN'을 커버스토리로 다루었으며 해외 언론에서도 관심을 가지고 지켜보고 있다.

소니를 제친 후 세계 최고의 전자회사로 우뚝 선 삼성전자는 디자인 경영에 여전히 많은 투자를 하고 있다. 이건희 전 회장은 2005년 4월 이탈리아 '밀라노디자인회의'에서 "명실공히 월드 프리미엄 제품이 되기 위해서는 디자인 브랜드 등 소프트 경쟁력을 강화해 기능과 기술은 물론 감성의 벽까지 모두 넘어서야 한다"며 디자인경영을 더욱 강조했고, 디자인경영 바람이 삼성전자에서 시작해 국내 주요 대기업들로 확산되었다고 주장했다.

삼성전자는 국내 기업들의 디자인경영 신드롬을 낳았다. 또한 기업뿐 아니라 정부와 지방자치단체들도 디자인경영을 적극 도입하고 있는데 그 배경에는 삼성전자가 있다.

'위기는 기회를 낳는다'는 말은 삼성전자에게 딱 들어맞는다. 1993년 이건희 전 회장이 겪었던 3류 취급의 충격, 그리고 후쿠다보고서의 충격은 디자인 혁신이라는 새로운 바람을 불게 했기 때문에 삼성전자는 세계 일류 기업으로 성장할 수 있었다.

한 방의
승부수는
반드시 존재한다

디자인 후발주자인 한국은 왜 전자제품 디자인에는 강한가? 사실 디자이너 육성을 위한 한국식 교육환경은 유럽이나 일본에 비해 많이 열악하다. 그러나 LG전자와 삼성전자의 디자인 부서는 세계 어느 나라, 어느 기업보다 집중적인 투자를 받고 있다. 사실 전자제품은 아이디어만으로 만들어지지 않는다. 기술이 뒷받침돼야 한다. 이미 LG전자와 삼성전자의 제품 기술력은 세계 최고다. 여기에 엄청난 디자인 투자가 뒷받침

되고 있으니 완성된 제품의 수준은 최고 중의 최고가 아닐 수 없다.

삼성전자와 LG전자는 디자인 인력만 700명 정도다. 하지만 왜 그토록 많은 디자인 인력이 필요한 것일까? 삼성전자와 LG전자는 디자인이 곧 제품 경쟁력임을 인식했기 때문이다. 최근 몇 년간 삼성전자와 LG전자는 레드닷 Red Dot Design Awards, IDEA, iF 등 세계적인 디자인상을 휩쓸었다.

삼성전자는 2001년부터 디자인경영센터를 최고경영자 직속으로 두었으며, 최고경영자가 직접 주재하는 디자인위원회를 통해 디자인전략을 세우고 있다. 또한 서울, 도쿄, 상하이, 밀라노, 런던 등의 디자인연구소를 거점으로 하는 글로벌 디자인센터를 운영하고 있다. 삼성전자는 이미 90년대 중반에 디자이너 출신 임원을 배출했고, 디지털미디어 총괄사장이 디자인경영센터의 수장을 겸임하기도 했다. 즉 최고의사결정권자가 곧 최고디자인결정권자를 병행한 셈이다. 이는 삼성전자가 디자인을 중

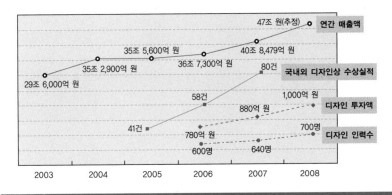

그림 4-3 LG전자 디자인 투자 대비 효과 비례관계

출처: LG전자 발표자료 취합 재구성

요한 경영 전략으로 삼고 있음을 보여주는 증거다.

　LG전자도 디자인경영센터를 두고 있으며 밀라노, 뉴저지, 도쿄, 베이징, 뉴델리에 글로벌 디자인센터를 운영하고 있다. 각 지역의 디자인센터는 주요 지역에 선보일 제품을 개발하고 있다.

　미국 최대 디자인 회사인 티그TEAGUE의 존 버렛John Barratt 사장은 〈헤럴드경제〉와 가졌던 인터뷰에서 한국 기업의 디자인 실력을 평가하며 이렇게 말했다.

"일본은 이미 산업 디자인이나 문화산업에서 세계 어떤 국가도 넘볼 수 없는 지위까지 올라간 나라인 반면, 중국 등 다른 동남아 국가들은 빠르게 성장하고는 있지만 아직도 갈 길이 먼 나라들이다. 한국의 경우 삼성이나 LG 같은 일부 대기업들은 디자인의 고부가가치에 대해 충분히 넘치도록 잘 이해하고 있고 그 수준도 일본의 소니나 파나소닉에 비해 나으면 나았지 떨어지지 않는다."

출처: 존 버렛 인터뷰, 〈헤럴드경제〉 2008년 2월 26일자.

기술과 디자인의 결합, 새로운 시너지를 찾다

생산시대와 기술시대를 지나서 지금은 '기술＋감성'이자 '디지털＋디자인'의 시대, 즉 Double D시대로 접어들었다. 기업과 소비자가 모두 Double D가 만들어내는 산업적, 문화적, 사회적 변화를 겪고 있다. 1980년대까지의 생산시대에는 대량생산과 원가절감이, 1990년대의 기술시대에는 첨단 신기술 개발이 기업의 주요 관심사였다. 그러나 2000년대부터 본격화된 Double D시대에는 고객 감성과 다양한 컨버전스가 기업의 주요 관심사가 되고 있다.

기업의 관심사가 변하면 마케팅전략도 변한다. 기업에서 디자인경영, 감성경영, 창조경영, 상상력경영 등을 지향하는 것도 모두 기업의 관심사와 마케팅전략이 변했기 때문이다. 마찬가지로 소비자의 관심사도 변화해왔다. 생산시대에는 저가격과 획일적 소비가, 기술시대에는 신제품과 고기능이 부각되었다. 그리고 Double D시대에는 개성, 독창성, 감성 등이 부각되고 있다. 그러므로 마케팅은 기업과 소비자의 관심사를 결합해 기업에게 유리한 방향으로 이끌고 간다. 오늘날 마케팅에서 Double D는 가장 중요한 화두다. 그리고 미래의 마케팅에서 이는 더욱 중요해질 것이다.

기술에서 출발해 산업이 된 디지털과 예술에서 출발해 산업이 된 디자인은 사회를 이끄는 또 하나의 문화가 되고 있다. 그래서 디지털과 디자인은 진화 과정이나 지향점이 같기 때문에 자연스러운 결합으로 상생의 효과를 만들어내고 있다. Double D Shift는 디지털과 디자인이 결합해 만들어낸 권력과 패러다임의 이동을 말한다. 둘의 결합은 각각의 힘을 배가시키는 동시에 새로운 영역까지 만들어내고 있다.

즉 사회의 권력 흐름과 패러다임 변화, 산업의 변화, 그리고 정치·경제·문화·라이프스타일 등의 제반 영역에서 큰 변화를 주도하고 있다. 외형적으로는 산업에서의 결합을 통한 디자인 마케팅의 확산이 가장 먼저 드러나지만 이 결합은 산업 혁명과 정보 혁명에 버금가는 혁신적 시너지를 가져오고 있다. 알맹이가 부실하던 시절에 우리는 껍데기는 가라고 했지만 이제는 껍데기 만능의 시대, 즉 디자인 전성시대를 맞이하고 있다. 더욱이 디지털의 힘으로 강대해진 디자인은 그 힘으로 디지털을 더욱 강하게 진화시키고 있다.

이제 Double D Shift로 명명되는, 디지털과 디자인의 결합이 낳은 사회적 변화의 물결은 우리가 거스르지 못할 만큼 거대한 파도가 되어 몰아치고 있다. 여기서 살아남는 방법은 적응하거나 아니면 이해하거나 둘 중 하나다. Double D Shift는 현재를 설명하는 키워드이자 동시에 미래를 유추하는 키워드다. 또한 Double D Shift는 디지털과 아날로그의 결합이자 새로운 문화 컨버전스다. 이것은 디지털을 상징하는 기술적 디지털 영역과 아날로그를 상징하는 감성적 디자인 영역이 결합해 시너지를 증폭시킨다. 즉 이로 인해 디지털과 아날로그는 서로 별개나 대치되는 구도가 아니라 상호의존과 결합으로 공생하는 구도여야 함을 확인시켜 준다.

소니의 노트북 브랜드인 VAIO는 기존의 컴퓨터가 기계적 기능에만 치우쳐 있다는 점에 착안해 '소유가 즐겁고 사용이 즐거운 PC'라는 모토로 시장에 진출해서 성공했다. 디지털이 아닌 디자인 우위로 디지털 제품 시장에서 성공을 거둔 것이다.

1990년대까지만 해도 한국의 가전제품은 세계시장에서 일본에 비해 기술은 떨어지지만 가격은 싼 제품이라고 알려져 있었다. 그러나 Double D시대를 맞이하면서 한국 제품은 다소 비싸지만 기술과 디자인이 훨씬 뛰어나다는 이미지를 갖게 되었다. 가전시장에서 한국 제품이 일본 제품에 비해 비싸졌다는 것만으로도 Double D의 최대 수혜자는 한국이라고 할 수 있다. 한국은 다른 나라에 앞서 디지털화를 이뤄냈으며 보다 빨리 Double D시대에 맞는 디자인경영 전략을 도입해 많은 투자를 했기 때문에 이 모든 것이 가능해졌다.

삼성이 소니를 이기게 된 것도 결국은 기술 우위만이 아닌 디자인 우위 때문이다. 세계 휴대전화시장에서 삼성은 노키아 Nokia 와 모토로라 Motorola 에 비해 명품이라는 이미지가 강하다. 첨단 하이테크 제품의 성패는 기술 혁신 후 감성과 디자인 혁신을 이뤄내어 기술과 감성을 어떻게 결합시키느냐에 달려 있다.

디자인은
기업을
죽이고 살린다

성장정체에 빠졌던 P&G는 2000년 앨런 래플리 Allen Lafley 회장이 취임하자마자 과감한 구조조정을 시행한 뒤 디자인경영을 적극 도입했다. 그래서 구조조정으로 인력이 감축되는 상황에서도 디자이너는 오히려 네 배나 늘렸다. 다른 데서 비용을 절감해 디자인에 고스란히 투자한 것이다. 이를 통해 선택과 집중을 한 결과 P&G는 히트제품을 시장에 계속 선보일 수 있었다. 결국 디자인경영이 P&G를 한 단계 성장시켰다.

스웨덴의 의류 브랜드인 H&M은 값싸고 최신 유행을 신속히 반영하는 패스트패션의 대표 주자다. 값싼 것이 미덕인 H&M의 프로젝트에 샤넬 Chanel 의 수석 디자이너였던 칼 라거펠트 Karl Lagerfeld 가 참여하면서 H&M은 세련된 이미지까지 덧입게 되어 소비자들의 열렬한 호응을 얻었다.

P&G와 H&M의 사례에서 보듯이 기업은 디자인으로 위기도 극복하고, 성장도 가능케 한다. 결국 디자인이 기업의 미래를 바꾸는 중요한 도구로 작용한다는 사실을 더는 무시할 수 없다.

파산 직전까지 몰렸던 푸마의 화려한 부활

푸마^{PUMA}는 아디다스^{ADIDAS}의 회장이자 형인 아돌프 다슬러^{Adolf Dassler}에게 독립을 선언한 동생인 루돌프 다슬러^{Rudolf Dassler}가 설립한 회사다. 그러나 푸마의 한 줄 줄무늬가 아디다스의 세 줄 줄무늬와 뭔가 관계가 있지 않을까, 라고 생각하지 않는 이상 두 회사의 공통점은 거의 찾아보기 힘들다.

푸마는 창립 초기, 축구에 집중적으로 지원하면서 성장했다. 1962년 브라질의 축구 영웅인 펠레^{Pelé}가 푸마 축구화를 신고 브라질의 월드컵 우승을 이끌기도 했으며, 1966년 잉글랜드 월드컵에서는 포르투갈의 축

그림 4-4   푸마 본사

출처: www.puma.com

구 영웅인 에우제비오 Eusebio da Silva Ferreira 가 푸마 축구화의 대표 모델인 '킹'을 신고 월드컵 경기장을 종횡무진했다. 이후 1974년 독일 월드컵에서는 마테우스 Lothar Herbert Matthaeus, 아르헨티나의 축구 천재인 마라도나 Diego Armando Maradona 등 쟁쟁한 빅스타들이 푸마를 신고 대활약을 펼쳐 푸마는 축구 전문 브랜드로 입지를 굳혀나갔다.

축구를 기반으로 발전해온 푸마의 위용은 1980년대까지 지속되었으나 1980년대 중반부터 실용성을 강조한 아이템을 강화하면서 시장은 차츰 푸마에 등을 돌리기 시작했다. 기능성과 실용성만을 중시하고 디자인을 무시한 상품만 고집했기 때문에 시장에서 더 이상 호응을 얻지 못했다.

푸마는 1990년대 초반 파산 직전까지 몰렸으나 1993년 요한 자이츠 Jochen Zeits 가 CEO로 취임하면서 구조조정과 디자인경영을 통해 극적으로 회생했다. 자이츠는 탄탄한 입지를 굳힌 나이키 NIKE 와 아디다스라는 양대 산맥과 차별화를 시도하기 위해 '스포츠 라이프스타일'이라는 새로운 브랜드 포지셔닝을 제안하면서 1등이 되기보다는 가장 매력적인 브랜드가 되겠다는 전략을 세웠다. 이를 위해 스포츠 브랜드로서의 전문성과 기능성은 유지하되 라이프스타일 및 패션과 접목한 새로운 제품 라인을 소비자에게 선보였다. 덕분에 1993~1997년까지 주가는 세 배 가까이 상승했고 1999~2007년까지 꾸준히 두 자릿수 성장을 기록했다. 매출액은 1999년 3.7억 유로에서 2007년 23.7억 유로로 8년 만에 6.4배 정도 증가했다.

스포츠 브랜드는 대개가 스포츠의 역동성이나 스포츠 영웅을 강조하면서 자연스럽게 남성 성향을 구축하게 마련이다. 나이키의 'Just Do It'이나 아디다스의 'Impossible is Nothing'이라는 슬로건에도 이런 경향이 드러난다. 그런데 푸마는 'Sport Lifestyle'을 슬로건으로 정했다. 이는 생활 속에서 스포츠를 찾고 스타일리시한 스포츠를 발견하자는 푸마만의 차별화 전략이라 할 수 있다. 즉 푸마는 스포츠 브랜드로서의 여성성을 더 강조했다.

물론 푸마는 스포츠 브랜드로서의 정체성도 잊지 않았다. 2008년 베이징올림픽을 겨냥해 육상 경기장의 8트랙을 모티브로 디자인한 런웨이 컬렉션을 선보였는데, 주력 아이템은 100미터 러닝화의 실루엣을 그대로 옮겨온 '우산USAN' 슈즈였다. 우산이란 브랜드명은 바로 베이징올림픽에서 100미터, 200미터, 400미터 계주에서 세계 신기록을 경신한 우사인 볼트Usain Bolt 의 이름에서 따온 것이다. 지난 2002년부터 그와 인연을 맺고 꾸준히 후원해온 푸마는 그의 올림픽 3관왕을 축하하며, 금메달을 닮은 황금빛 메달리온백을 한정판으로 출시하기도 했다. 푸마의 경쟁사들이 빅스타와 남미, 유럽 중심의 축구 지원 등 주류 문화에 집중하는 반면 푸마는 2000년부터 소외된 동구권, 아프리카 축구를 지원해왔다.

푸마는 1998년부터 패션 디자이너인 질 샌더Jil Sander 와의 콜라

그림 4-5 알렉산더 매퀸과 협업한 스니커즈

보레이션을 통해 스포츠 브랜드를 뛰어넘어 패션 브랜드로 진화했다. 2001년 질 샌더와 함께 축구화를 모티브로 디자인한 스니커즈인 '아반티 Avanti'는 출시되자마자 엄청난 성공을 거두기도 했다. 질 샌더와의 성공적인 협업 이후에도 푸마는 필립 스탁 Philippe Starck, 알렉산더 매퀸 Alexander McQueen, 미하라 야스히로 Mihara Yasuhiro 등과 함께 스페셜 라인을 지속적으로 선보여 왔다.

120년 전통의 이탈리아 가죽 제조사 및 세계적인 디자이너들과 함께한 고급 캐주얼 라인인 '푸마 블랙스테이션'은 리미티드 에디션 Limited Edition 성격이 강한 제품이라 푸마를 더욱 고급스럽게 만들고 있다. 푸마는 스포츠용품에서 패션 브랜드로, 남성 소비자 중심에서 여성 소비자 중심으로 타깃을 정확하게 잡아 대성공을 거두었다. 파산 위기를 지혜롭게 극복한 푸마는 디자인 혁신을 통해 전화위복을 이뤄냈다. 기술 및 스포츠스타 마케팅에만 주력하던 나이키, 아디다스, 리복 REEBOK 같은 경쟁사와는 다르게, 패션과 스포츠를 결합시킨 푸마의 경쟁 전략은 탁월한 선택이었다.

이제 푸마는 운동을 잘 하는 사람들을 위한 브랜드가 아니라, 운동을 좋아하는 사람들을 위한 브랜드로 확실하게 정착했다. 즉 주고객층을 남성이 아닌 여성으로 맞추었기 때문에 극적으로 회생할 수 있었다. 1990년대 초반까지 축구화회사라는 이미지가 강했던 푸마는 2000년을 기점으로 10대 후반에서 20대 초반 여성 고객층을 대다수로 확보했다. 푸마의 성공신화는 이렇게 혁신적인 디자인 도입으로 이루어졌던 것이다.

세계적인 주방용품 브랜드로 급성장하다

알레시 Alessi 는 1921년 이탈리아의 작은 도시에 세워진 그저 그런 주방용품 공장이었다. 금속가공기술자인 지오바니 알레시가 설립한 수제작 테이블 소품업체였는데 아들들이 가업으로 물려받아 세계적인 주방용품 브랜드로 성장시킨 것이다. 상대적으로 고가임에도 불구하고 알레시가 소비자들에게 사랑받는 이유는 디자인 때문이다.

알레시는 디자인 덕분에 세계적인 기업으로 성장했다. 초기에는 은과 청동 위주의 소량생산체제를 유지했으나 1950년대부터 스테인레스 스틸 제품을 생산하면서 대량생산체제를 갖췄다. 알레시는 1970년대부터 세계적인 디자이너인 알레산드로 멘디니 Alessandro medini 와 작업하면서 세계시장에서 각광받기 시작했으며 엔조 마리 Enzo Mari, 필립 스탁, 알도 로시 Aldo Rossi, 마이클 그레이브스 Michael Graves 등과 함께하며 제품마다 큰 반

그림 4-6 알레산드로 멘디니가 디자인한 와인병따개

그림 4-7 마이클 그레이브스가 디자인한 버드케틀

향을 불러일으켰다. 알레시 제품 중 일부는 미국 뉴욕현대미술관에 전시되었고, 유럽 디자인스쿨의 교재로 사용될 정도로 제품 이상의 가치를 표현하고 있다.

알레시는 내부 디자이너를 채용하지 않고 모두 아웃소싱 outsourcing 으로 제품을 디자인한다. 한번에 200여 명의 외부 디자이너와 협업을 하기도 하고, 디자인 대가를 직접 초청해 작업하기도 한다. 아울러 '알레시디자인연구소'를 통해 젊은 디자이너들의 신선한 응모작들을 검토하며 세계 여러 대학에서 알레시 워크숍도 진행하고 있다. 이러한 알레시만의 방식은 기업이 매너리즘에 빠지는 것을 막는 동시에 다양한 시각과 아이디어를 내부로 가져오게 하는 데 큰 힘이 된다. 디자인을 중요하게 생각하는 기업이 아웃소싱을 맡긴다는 발상 자체가 꽤나 혁신적이라 할 수도 있다.

이는 덴마크의 오디오회사인 뱅&올룹슨 BANG&OLUFSEN 도 마찬가지다. 뱅&올룹슨은 신제품을 만들 때 디자인을 가장 중요하게 생각하며, 그후 기술을 덧입힌다. 이렇듯 디자인을 최우선시하는 뱅&올룹슨도 내부 디자이너를 채용하지 않는 것으로 유명하다. 실제로 뱅&올룹슨의 수석 디자이너도 프리랜서다. 회사의 지시만 따르면 자유롭고도 창의적인 디자인이 나올 수 없기 때문에 이런 정책을 고수한다. 뱅&올룹슨의 디자인 철학은 콘셉트 개발부 Concept Developer 에서 구현하는데 이곳은 디자이너의 아이디어와 엔지니어의 의견을 조율하는 역할을 담당한다. 일단 디자인 아이디어가 채택되면 엔지니어는 디자이너의 뜻에 따라 디자인이 최대한 구현되도록 제품을 생산한다. 생산 프로세스에서 디자인을 가장 먼저 생각하는 'Design First' 원칙을 따르는 대표적인 회사가 바로 뱅&올룹슨이다.

존폐 위기의 동물원이 최고 인기 동물원으로 거듭나다

존폐 위기에 몰렸던 지방의 소규모 동물원은 디자인을 통해 새로운 경험가치를 창출했기 때문에 되살아났다. 경험디자인은 위기를 기회로 바꾼 에너지였다. 동물원과 디자인경영이 무슨 연관성이 있냐고 생각하겠지만 디자인경영이 위기에 처했던 동물원을 살려서 일본 최고의 동물원으로 발돋움할 수 있게 했다.

인구 35만 명의 중소도시인 홋카이도 내 아사히카와 시에 위치한 아사히야마 동물원은 일본의 96개 동물원 중 최북단에 있어서 가장 춥다. 겨울에는 영하 25도까지 내려가기 때문에 동물들도 활동하기 힘들고 관람객들도 찾아오기 힘들다. 이렇게 단점만이 산재해 있는 이곳은 자연스럽게 도태될 위기에 처했지만 디자인적 상상력은 동물들의 움직임 하나하나까지 관객들에게 세세하게 전달해 감동을 주는 동물원으로 변신시켰다.

당시 동물원장으로 취임한 고스케 마사오는 관람객들이 동물들의 작은 움직임까지 관찰할 수 있도록 동물원을 새롭게 디자인했다. 동물원에 경험가치를 제공한 것이다. 이러한 진화를 통해 1996년 한 해 방문객이 26만 명에 불과했던 아사히야마 동물원은 매년 200만 명 이상의 관람객을 맞고 있다. 또한 2006년에는 304만 명이 찾은 일본 최대의 명물 동물원이 됐다. 인구 1,200만 명이 넘는 도쿄 내 국립동물원보다 인구 35만 명의 아사히카와의 아사히야마 동물원이 더 많은 관람객을 맞이한다는 객관적인 수치만 보더라도 얼마나 대단한지 짐작할 수 있다. 그들에게 디자인을 동물원에 적용시킨 상상력이 없었다면 동물원은 지금쯤 사라졌을 것이다.

디자인으로 흥한 자 디자인으로 망할 뻔하다

아이리버는 산업 디자이너인 김영세를 만나고서 세계적으로 알려졌다. 디자인 비용을 감당할 수 없는 신생 벤처기업이었지만 김영세는 아이리버의 가능성을 믿었다. 덕분에 당시 아이리버는 세계적인 혁신 사례로 손꼽히며 세계시장점유율 1위에 오르기도 했다. 아이리버의 디자인 혁신은 세계시장을 사로잡는 무기가 되었던 것이다.

그러나 최근까지 아이리버는 애플의 아이팟 공세를 넘지 못하고 몰락의 길을 거듭하고 있었다. 아이리버는 세계적인 베스트셀러인 아이팟에 밀린 후 아이팟의 디자인을 자꾸 흉내만 내려는 딜레마에서 벗어나지 못하고 있었던 것이다. 자신을 위협한 아이팟의 디자인에 연연하고 있음은 이해할 수 있지만 이는 결코 좋은 선택이 아니었다. 아이팟은 아이팟답기 때문에 소비자의 사랑을 받는 것이다. 반대로 아이리버를 좋아하는 소비자는 아이리버다운 것을 좋아한다.

결국 아이리버는 진리를 깨우

그림 4-8 아이리버의 미키 MP3 플레이어

치고서 두 번째 성공의 발판을 디자인에서 찾았다. 가장 아이리버스러운 제품을 만들기 위해서 차별화를 선택한 것이다. 바로 미키마우스 모양을 한 MP3 플레이어를 개발한 것이다. 결국 디자인 모방으로 살길을 찾지 못하고 방황했지만 결국 혁신적인 디자인으로 재기에 성공한 것이다. 디지털 기기회사의 흥망성쇠는 역시 기술이 아닌 디자인이다.

작지만 큰 차이를 만들다

도요타Toyota 는 오랜 준비 끝에 렉서스LEXUS 를 생산해 위기가 오기 전에 혁신을 준비해나갔다. 1983년부터 10년 이상 렉서스를 연구했고, 결국 20년 만에 프리미엄 브랜드로서 확고한 위치를 굳혔다. 반면에 닛산Nissan 은 위기 이후 인피니티INFINITI 라는 대안이자 혁신을 준비했다. 일종의 벤치마킹인 셈인데 렉서스의 성공을 보고 닛산이 인피니티를 만들었다고 해도 과언은 아니다. 렉서스를 벤치마킹한 또 다른 사례가 있는데 바로 현대기아의 프리미엄 브랜드인 제네시스Genesis 다. 그나마 인피니티는 벤치마킹이라도 제대로 했지만 제네시스는 프리미엄 브랜드를 독자적으로 내놓는다는 표면적 현상만 벤치마킹했다고 해도 과언이 아닐 정도로 처참한 결과만 보여줬다.

현대기아는 해외에서 성능 대비 가격이라는 장점을 지니고 있었다. 한마디로 저렴한 가격이 강점이었다. 그런데 싸다는 인식이 강하게 심어져 있는 자동차회사가 비싼 자동차를 생산한 것이다.

렉서스는 도요타와 완전히 브랜드를 분리했기 때문에 성공할 수 있었다. 미국에서 16킬로미터 내에 도요타 딜러와 렉서스 딜러는 서로 겹치지

않는다. 그래서 사람들은 도요타와 렉서스를 서로 다른 브랜드라고 생각한다. 즉 도요타의 대중적인 이미지가 렉서스라는 고급차 이미지와 겹치지 않게 한 것이다.

그런데 현대기아는 제네시스와 기존 차의 브랜드를 제대로 분리하지 못했다. 엠블럼조차도 벤틀리와 닮았다고 주장하는 바람에 표절 시비에 휘말려 곤욕을 치뤘다. 또한 현대기아의 딜러는 제네시스의 딜러를 겸하기도 한다.

결국 저렴한 가격이 강점이라고 알려져 있는 현대기아는 제네시스를 차별화하지 못했다. 자동차의 성능은 고급일지 몰라도, 브랜드와 디자인에서는 결코 고급화를 이루지 못했기 때문에 아쉽다.

제네시스는 '2009 북미 올해의 차North American Car of the Year '02로 선정되었다. 미국 〈컨슈머리포트〉가 선정한 최고의 대형 세단으로 뽑히기도 했다. 그러나 시장은 가격으로 가치를 평가하기 때문에 결과적으로는 아쉽다. 제네시스가 프리미엄 브랜드를 지향한다면 더 높은 가격에도 잘 팔려야 하기 때문에 전략적인 투자방법이 너무나도 필요했다.

 2009년까지 16회째를 맞은 '북미 올해의 차'는 50명의 자동차 전문 언론인들의 평가를 토대로 전년도 북미 시장에 출시된 자동차 가운데 최고의 차를 선정한다. 한국차는 한 번도 최종 후보에 오르지 못했다. 그동안 미국차가 8번, 유럽차가 8번, 일본차가 3번 선정되었다.

위기 전에 대안을 찾을 것인가, 위기가 닥친 후 대안을 찾을 것인가는 작지만 아주 큰 차이다. 둘 다 대안을 내놓기는 마찬가지지만 문제는 시기다. 잘 나갈 때 위기에 대비하고, 과감하게 투자하며, 대안을 마련해놓는 여유를 가지는 것과 위기를 고려하지 않고, 현실에 안주하는 것은 다르다. 과연 어떤 선택을 할 것인가? 위기 없이 혁신을 통한 기회만 계속 만들 것인가? 아니면 위기를 겪고서야 혁신을 준비할 것인가?

소비자를
유혹하는
디자인의 힘

LG전자는 매년 역삼동 디자인센터에서 개최해온 디자인성과보고대회를 2007년부터 '디자인페스티벌'이라고 부른다. 이는 당시 김쌍수 LG전자 부회장이 제안했다. 딱딱하고 형식에 얽매인 성과보고를 축제처럼 다 같이 즐기는 기회로 만들자는 의도였다. 덕분에 행사 분위기는 달라졌고, 보다 창의적이고 자유로운 디자인 환경이 만들어졌다.

이러한 변화는 디자인경영이 얼마나 중요한지를 그대로 반증한다. 2008년 구본무 회장의 '디자인경영' 선언 이후 LG전자의 디자인센터를 방문하는 경영진의 숫자가 갈수록 늘어나고 있다. 특히 김쌍수 부회장은 제품 개발 및 생산, 마케팅, 홍보에 이르는 전 과정을 디자인 중심으로 진행하라는 지시도 내렸다.

디지털에서 비용을 줄여 디자인에 투자하는 시대에 접어들었다. 디지털은 진화할수록 원가를 줄여주지만 디자인은 원가를 계속 늘린다. 따라서 두 영역은 경제적으로 결합하지 않을 수 없다. 기업은 기술 혁신을 통해 줄어드는 비용을 디자인에 쏟아야 한다. 줄어든 원가만큼 가격을 낮추기보다 줄어든 원가만큼 더 투자해 더 좋은 제품을 만들어야 한다. 그리고 같은 값으로 팔더라도 소비자를 유혹하는 것이 더 이익이다.

과거의 소비자는 가격 대비 성능을 원했지만 미래의 소비자는 가격 대비 디자인을 원할 것이다. 이미 성능은 보편화되었으니 승부는 디자인에서 날 수밖에 없다. 기업의 입장에서 볼 때 디자인 투자는 비용증가가 아니라 디지털로 줄어든 비용활용이자 기회비용의 지출인 셈이니 결코 손해는 아니다. 결국 기업은 디지털이 디자인과 결합하지 못하면 빛을 발할 수 없다는 사실을 인식했기 때문에 디자인에 더욱더 투자하려고 한다.

시장은 너무나 빠르다. 그런데 시장은 기업이 움직이기 때문에 기업은 더욱 빠르다. 기업은 소비자가 원하기 때문에 디자인에 승부를 건다. 하지만 디자인에 투자를 하면 할수록 원가는 높아진다. 그러므로 경제성을 따져본다면 이는 썩 달갑지 않은 게임이다. 높아진 비용보다 높은 수익과 가치 창출을 기대할 수 있기 때문에 기업은 마케팅 수단으로라도 디자인을 선택할 수밖에 없다.

디지털시대의 소비자들은 이미지로 커뮤니케이션하고, 이미지를 생산 및 소비하는 데 익숙하다. 그러므로 이미지로 드러나는 디자인은 이들에게 중요한 변별요소다. 기술은 점점 보편화되고 중국의 저가 생산 환경은 중요한 경쟁요소가 되고 있으니, 디자인에 승부수를 거는 기업들이 많아질 수밖에 없다. 특히 중국과 인접한 대만과 한국의 디지털 산업의 경우 이는 더 심각한 문제가 되고 있다. 하지만 최근 중국의 산업 디자인 수준은 크게 향상되었다. 이제 중국산도 디자인 경쟁력을 갖추고 있다. 그러므로 다른 국가들은 더욱 차별화되고 대중의 마음을 사로잡는 디자인으로 승부해야 한다.

디자인 경쟁력은 제품뿐 아니라 도시에도 그대로 적용된다. 예를 들어 서울시는 '공동주택 디자인 가이드라인'에 주택 양식과 높이, 발코니 등 건축 항목에 따라 각각 다른 배점을 부여해 디자인이 우수한 아파트에는 용적률, 높이, 건축비 등에 인센티브를 준다는 항목을 추가했다. 100점 만점에 주택 양식 40점, 평면형 및 단면 20점, 입면 및 벽면율 15점, 발코니의 다양화 15점, 높이 10점 등 분야별로 점수를 배분하는데 90점 이상을 받으면 법정 용적률 기준의 10퍼센트 이내, 높이 기준의 1.2배, 지상 기본형 건축비 분양가상한제 적용 10퍼센트 이하 등의 인센티브가 주어진다. 80~90점이면 법정 용적률을 기준으로 5퍼센트, 높이를 기준으로 1.1배, 지상 기본형건축비 분양가상한제 적용를 기준으로 5퍼센트 이하의 인센티브가 주어진다. 여기에 친환경·에너지절약형 공동주택에는 각각 5퍼센트 포인트씩 용적률이 추가로 주어지기 때문에 디자인도 우수하고 친환경과 에너지절약형까지 모두 충족되면 최대 20퍼센트까지 용적률 인센티브를 받을 수 있다. 디자인이 우수하면 용적률과 높이를 더 많이 허용해주기 때문에 건축에 따른 이익이 더 커진다.

아울러 2009년 2월에는 디자인이 우수한 아파트의 경우 기본형 건축비를 초과해 소요되는 비용을 분양가에 반영할 수 있도록 하는 방안이 포함된 '서울시 주택조례 개정안'이 서울시의회에서 발의되었다. 이 개정안이 통과되면 디자인이 우수한 아파트는 분양가도 더 높아진다. 디자인을 위해 들인 추가비용보다 용적률과 높이 등에서 얻는 혜택이 더 크기 때문에 디자인은 돈 벌어주는 수단이라 할 수 있다.

'Made in'에서 'Designed by'로

아이팟에는 'Designed by Apple in California, Made in China' 혹은 'Designed in the USA, Built in China'라는 문구가 적혀 있다. 애플은 미국 회사지만 대부분의 아이팟 제품은 중국 공장에서 생산되고 있다. 그렇다고 생산지인 중국만 표기하자니 저가 이미지가 부담스러워서 생산지보다 디자인을 강조해 표기하고 있다. 중국에서 제조했지만 미국에서 디자인했음을 강조하는 이런 표현방식은 제품 변별력이 'Made in'에서 'Designed by'로 바뀌고 있음을 보여준다. 실제로 이렇게 표기되는 제품은 애플 외에도 무수히 많다. 세계의 공장이라 불릴 정도로 중국에는 세계

그림 4-10 아이팟 케이스의 표기사항

적인 기업들이 많지만 저가 이미지는 기업에게 부담스러운 마이너스 요소이기 때문이다.

디자인 퍼스트^{Design First}는 생산 프로세스를 바꿀 정도로 디자인의 힘이 강하다는 의미다. 생산 단계부터 디자인을 가장 먼저 고려해야 하는 이유는 무엇일까? 디자인이 마케팅에서 가장 중요한 무기가 되었다는 이유와 함께 기술 수준이 디자인 퍼스트를 충족시켜 줄 만큼 진화했기 때문이다.

아무리 디자인을 먼저 하려고 해도 기술이 뒷받침해주지 못하면 디자인이 우선시되는 프로세스가 존재할 수 없다. 디자인 퍼스트는 디지털 기술이 보편화되고 기술 수준이 안정적으로 완성되었기 때문에 가능해졌다. 어떤 디자인을 계획하고 있을 때 디지털 진화가 이루어져야만 디자인은 자유롭고도 창조적인 표현을 할 수 있다. 실제로 디자인 퍼스트 때문에 독창적인 디자인을 갖춘 디지털 제품들이 시장에서 선보일 수 있었다. 전 세계 1,400만 대 이상 팔린 LG전자의 초콜릿폰이나 삼성전자의 보르도TV는 모두 디자인 퍼스트의 산물이다.

결국 디지털의 보편적 진화를 통한 Double D Shift로 새로운 기회와 혁신이 이루어졌고 더불어 디자인 퍼스트가 가능해졌다. 디지털 진화가 곧 새로운 디자인 가치 창출로 이어지고 디지털과 디자인이 결합해 더욱 큰 시너지와 가치 혁신으로 이어진다.

2007년에 출시된 LG전자의 데스크톱 컴퓨터인 '블랙피카소'도 흥미로운 사례다. 이 컴퓨터는 '만약 피카소가 컴퓨터를 디자인했다면 어떻게 만들었을까?'가 제품 개발의 출발점이었다. 첨단 디지털의 상징인 컴

| 그림 4-11 | LG전자 초콜릿폰 | | 그림 4-12 | 삼성전자 보르도TV |

퓨터 신제품을 준비하면서 디지털이나 하이테크가 아니라, 피카소의 디자인 상상력을 고려했다는 것만으로도 디지털 기기에서 디자인이 차지하는 위상이 어느 정도인지를 알 수 있다. 이처럼 컴퓨터를 만들면서도 디자인과 브랜드를 먼저 고민한 다음 기술을 적용하는 것이 디자인 퍼스트다.

사무실 디자인을 개선시키면 생산성이 오른다

최근 기업들은 근무환경을 개선하고, 직원의 사기를 북돋아주는 데 투자한다. 업무효율성이나 생산성을 고려하기 때문이다. 업무공간을 새롭게 꾸미면 직원들이 창의력을 발휘하고, 독창적이고도 신선한 아이디어를 끌어내는 데 도움이 된다. 즉 공간의 변화가 생산성을 끌어올리고, 혁신적 성과도 만들어내는 데 유리하게 작용한다.

구글 Google 은 회사를 캠퍼스라 부를 만큼 자유로운 분위기로 꾸몄다.

구글이 가장 근무하고 싶어하는 회사로 매년 손꼽히는 이유는 다 이런 배려 덕분이다. 현재 구글은 비즈니스 창의력을 계속 유지하기 위해서 재미있는 직장 환경을 만드는 데 앞장서고 있다. 창의성과 상상력을 끌어내기 위해 근무 환경에 적극 투자를 하는 것이다.

광고회사인 제일기획의 강의실은 독특한 디자인으로 유명하다. 이곳은 평소엔 휴게실이다. 자유롭게 앉을 수 있는 소파들은 널브러져 있다는 표현이 어울릴 정도로 무질서하게 놓여 있다. 이는 정형화되고, 고정된 공간이라고 알려진 사무실에서 사고의 틀이 제약되는 것을 막기 위한 조처였다. 강의건, 토론이건 보다 자유롭고도 능동적으로 듣고 소통하라는 의미다.

광고회사인 웰콤은 사옥 3층에 있던 200여 평의 사무공간을 없애고,

그림4-14 | 제일기획 강의실 및 휴게실

그곳에 와인바와 휴게실을 만들었다. 놀이터와 회사^{company}가 합쳐졌다고 해서 놀이콤이라는 애칭으로 불리는 이곳은 일과시간 후 직원들이 모여 와인도 마시고 안방처럼 쉴 수도 있도록 배려한 공간이다. 창의적이고도 신선한 아이디어가 끊임없이 필요한 회사는 직원들을 생각한 공간을 디자인해야 한다.

eBI 업체인 펜타브리드의 사무공간도 신선하다. 사무실 안에 나무를 심고 파티션에 잔디를 깔았다. 휴게실에는 비치파라솔이 놓여 있어서 사무공간이 가지는 고정관념은 찾아볼 수 없다. 이런 환경은 장시간 근무하는 직원들에게 재충전의 기회가 된다. 회의실 명칭도 재미있다. 와이키키, 캐리비언, 마이애미 등 해변 콘셉트에 맞게 여덟 개의 회의실 명칭을 만들었다. "마이애미에서 만납시다", "와이키키에서 내일 오후 2시입

| 그림 4-16 | 산업 디자이너 김영세가 등장한
굿모닝신한증권 TV 광고 화면 | 그림 4-17 | 패션 디자이너 이상봉이 등장한
금호건설 신문 광고 |

니다"와 같은 말이 자연스럽게 오간다. 회의하자는 얘기지만 말 자체가 주는 즐거움이 쏠쏠하다. 딱딱한 회의공간이 아니라 보다 자유롭고 즐거움이 있는 회의공간을 지향하는 셈인데 이는 직원들의 창의적인 생각을 발전시키기 위한 공간 개선이기도 하다.[03]

사무공간도 이제는 회사의 경쟁력이 되고, 상상력과 창의력을 위한 촉진제가 된다는 인식이 더욱 확산될 것이기에 업무공간에 대한 디자인 개선은 더욱 활발해질 것이다. 결국 이는 비용 대비 효과 측면에서 경제적인 투자다.

 출처: 김용섭, 《날카로운 상상력》, 미래지식, 2008년.

디자인을 강조하는 기업 광고가 늘어난다

최근 광고에는 '디자인'이란 말이 범람하고 있으며 '디자이너'가 등장하는 광고까지 증가하고 있다.

"앞면, 뒷면, 앞면, 뒷면, 옆면, 옆면에 컬러를 넣었다. 왜? (고래상어가 물고기를 잡아먹으며) 생각해봐! 잘 보이라고 … 컬러 코어 디자인" "카드의 각도로 만들어진 현대카드 전용 서체 You and I, 카드의 곡선으로 만들어진 현대카드 CI, 카드의 비율로 만들어진 현대카드 파이낸스숍 (파도치면서) 생각해봐!…" 이 광고는 뜬금없는 화면이 나타나는 형식도 형식이었지만 디자인이란 단어를 두루뭉술하게 사용하는 여느 광고와는 달리 '서체', 'CI', '컬러 코어 디자인', 'ARC Annual Report Competition'와 같은 전문 디자인 용어를 사용했기 때문에 유명해졌다.

CF 모델도 등장하지 않고, 멘트도 지극히 간략한 이 광고는 디자인 자체가 소재이자 모델이었다. 금탑산업훈장 수상이나 수출액 얼마 달성을 자랑스럽게 광고하던 시절도 있었는데 이제는 디자인을 신경 쓰는 기업이라는 이미지가 기업에게는 커다란 자랑거리가 되었다. 게다가 잘 드러나지 않는 부분을 디자인했다는 사실도 기업의 이미지에 큰 장점으로 작용한다.

현대카드 · 캐피탈의 정태영 대표는 이러한 사실을 너무나도 일찍 깨닫고서 광고에 적극 도입했기 때문에 디자인 선도업체의 대표 자격으로 서울시 초청으로 강연을 하기도 했다. 또한 기아자동차의 TV 광고도 DESIGN이란 키워드로 꾸며진다. 기업의 이미지 광고에서 개별 자동차 광고에 이르기까지 DESIGN은 전방위적으로 사용되고 있다. 광고 메시지에만 그치지 않고 실제 디자인 경영에서도 디자인은 주력 키워드다.

굿모닝신한증권의 TV 광고에는 산업 디자이너인 김영세가 등장한다. 디자이너가 금융회사 광고에 등장한다는 사실 자체가 꽤 낯설게 느껴질 수도 있다. 하지만 패션 디자이너인 이상봉 역시 금호건설의 TV 광고에 등장했다. 이처럼 각종 광고들은 '디자인'이란 키워드를 적극 도입하면서 디자이너를 전면에 내세우는 파격적인 시도를 감행한다. 이는 디자인의 대중화를 엿볼 수 있는 예시 중 하나라고 할 수 있다.

《디자인이 만든 세상 Why There Is No Perfect Design 》의 저자이자 세계적인 공학박사인 헨리 페트로스키 Henry Petroski 는 "사람은 누구나 디자인한다"라고 했지만 요즘엔 워낙 많은 사람들이 디자이너로서 자신을 소개하고 있기 때문에 디자인이라는 용어의 가치에 대해 생각해보지 않을 수가 없다.

요즘 기업의 모든 길은 디자인 부서로 통한다. 그만큼 디자인의 힘이 커졌다. 과거에는 '디자인 부서가 전부 알아서 하겠지'라고 신경 쓰지 않았지만 최근에는 디자인 하나를 두고서 마케팅, 홍보, 경영지원, 재무, 심지어 연구개발 부서까지도 관여한다. 덕분에 모든 직원이 디자인 마인드를 갖추고자 디자인경영을 배우고 있으며 디자이너 출신의 임원들도

분야	기업	추진내용
건설	삼성물산	건축, 환경, 인테리어, 제품 등에 Total Design 2006년 대한민국 디자인대상 및 일본 굿디자인상 수상
산전	LS산전	디자인센터 설립 및 디자인 정체성 확립 추진
소재	제일모직	컬러 연구실 등을 설치하여 미래 디자인 트렌드를 분석하고 이를 신제품 개발에 적용하여 고객 요구에 선제적으로 대응
통신	KTF	CI, 광고, 매장, 단말기 등 시각적 요소뿐 아니라 서비스, 비전, 문화, 프로세스 등에서 디자인 개념을 적용
유통	GS홈쇼핑	이노디자인과 제휴하여 상품, 방송, 서비스 등 홈쇼핑 전반에 걸쳐 디자인경영을 추진하며, 합작 브랜드도 개발

표 4-1 비 제조기업의 디자인경영

자료: 이안재, '디자인 경영의 최근 동향과 시사점', SERI 경제포커스 제125호, 2007년.

점점 늘어나는 추세다.

따라서 디자인과 관련된 의사결정이나 기획을 진행할 때는 타 부서와의 원활한 커뮤니케이션 채널을 확보해야 하고 조직 전체가 디자인에 대한 원활한 소통체계를 유지해야 한다. 하지만 모든 조직이 디자인 부서로 통한다고 해서 디자인 부서가 모든 것을 주도한다는 얘기는 아니다. 분명한 것은 디자인의 힘이 더욱 커졌으며 더 이상 디자인은 변방이 아닌 중심에 있기에 모든 부서와 원활한 소통을 이뤄내고 있다는 점이다.

디자인
만능시대를
맞이하다

디자인경영이라는 개념은 1900년대 초 올리베티 ^{Olivetti, 이탈리아}, AEG 독일 등 기업들이 디자인을 경영에 전략적으로 활용했던 데서 유래를 찾을 수 있다. 하지만 디자인경영이라는 용어는 1965년 영국왕실예술협회 ^{RSA}가 디자인위원회와 함께 격년제로 실시한 디자인경영상이 모태다. 우리나라에서는 삼성의 이건희 전 회장이 지난 1996년에 선언한 '디자인 혁명'이 최초다.

대부분의 기업들은 마케팅 차원에서 진일보하여 경영 전반에서 디자인을 주요 가치로 부각시키고 있다. 고객의 감성을 터치하는 '디자인경영'은 삼성전자, LG전자 같은 제조기업만의 전유물이 아니다. 최근 디자인경영은 제품 중심에서 서비스 중심으로 옮겨가고 있으며 분야를 막론하고 기업들은 이에 에너지를 쏟고 있다.

제조업에서의 디자인경영은 보다 쉽고 명쾌하지만 서비스업은 어떻게 디자인경영을 도입하고 있을까? 현대카드와 KTF는 서비스업에서 디자인경영을 성공시킨 대표적인 기업들이다.

카드회사가 무슨 디자인경영을 하냐고?

신용카드가 금융상품이라는 사실을 모르는 사람은 없다. 그렇기 때문에 신용카드가 금융상품이라는 사실을 굳이 강조할 필요가 있을까? 오히려 기존 금융상품과 다르게 접근하는 차별화가 필요하다. 후발주자인 현대카드는 시장에 진입하기 위해 차별화에 승부수를 걸었다. 업계에서도 하위주자였던 현대카드는 기존 현대자동차카드를 새롭게 바꾸는 데 상상력을 총동원했다. 결국 그들은 디자인을 선택했다. 포인트 혜택과 서비스 차별화도 필요했지만 경쟁업체들이 소홀히 여겨 신경을 쓰지 않았던 디자인에 주목했던 것이다.

국내 최초로 투명카드와 미니카드를 선보인 '현대카드M'은 차별화에 최대한 집중했다. 그래서 현대카드는 카드 자체만으로도 갖고 싶게 한다. 이후 카드업계에서는 최초로 세계적인 디자이너인 카림 라시드에게 디자인을 맡겼으며 그가 디자인한 '더블랙'은 고급 이미지를 구축하는 데 큰 역할을 했다.

이제 신용카드를 '디자인'하는 것은 상식이라 할 수 있다. 현대카드는 국내 카드업계에 이러한 당위성을 제공했다. 누군가는 신용카드 사용하는 데 디자인이 무

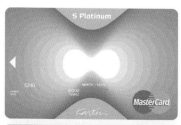
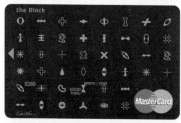

그림 4-18 카림 라시드가 디자인한 현대카드S와 더블랙 카드

슨 필요가 있냐고 할지도 모른다. 그러나 확실히 말할 수 있는 것은 이제 디자인만 보고 카드를 선택하는 사람도 생겨났다는 점이다. 카드를 금융 상품이 아닌 디자인상품이자 패션상품으로 만든 그들의 상상력은 놀라운 성과를 낳았다. 현대카드는 디자인경영을 적극 추진하여 시장점유율을 비약적으로 끌어올렸다.[04]

디자인은 단순히 물건을 예쁘게 만드는 것이 아니다. 오히려 최근에는 전략과 혁신의 도구로 사용된다. 국내 금융업계에서 디자인경영의 우수 사례로 꼽히는 현대카드는 세계적인 디자인컨설팅회사인 IDEO와 협력해 장기 전략을 세우고 운영 시스템도 대폭 개선했다. IDEO는 먼저 한국 소비자들을 관찰, 조사했다. 그 결과 '일과 놀이' '휴식 필요' 등 일곱 가지 키워드를 도출했다. 현대카드와 IDEO는 키워드를 기반으로 카드 이용자의 구체적인 사용 행태를 연구했고 최종적으로 20가지의 디자인 및 전략 가이드를 뽑아냈다.

현대카드가 1차적으로 실시한 실행 전략 중 신용카드를 지갑에 꽂았을 때 회사 이름이 포켓 위로 올라와 돋보이도록 한 디자인은 혁신적이라 할 수 있다. 이는 여러 가지 신용카드를 지갑에 넣고 다니지만 습관적으로 한 가지 카드만 쓰는 한국인들의 사용 행태를 바꾸기 위한 의도였다. 획기적인 형식의 요금청구서도 고객의 니즈를 디자인에 적극 반영했기 때문에 탄생했다. 현대카드는 '청구서에서 가장 먼저 알고 싶은 부분

04 출처: 문권모, 정임수, '기업 전략-혁신의 도구 디자인경영', 〈동아일보〉 2008년 6월 14일자.

은 총사용금액인데 보통 총액은 세부 내용 아래에 작은 글씨로 나와 있기 때문에 찾기가 불편하다'라는 소비자 의견을 눈여겨봤다. 이에 따라 현대카드는 총사용금액을 큰 글씨로 맨 위에 표시한 새 청구서 방식을 만들어냈다. 이 과정에서 업무 시스템도 디자인적으로 바꾸었다. 디자인이 바뀐 새 청구서의 내용을 입력하기 위해 담당 직원들은 그동안 세로로 세워서 쓰던 회전형 모니터를 가로로 눕혀 사용하고, 관련 소프트웨어를 새롭게 프로그래밍했다.[05]

아울러 '카드회사 맞아?'라고 할 정도로 현대카드는 전통적인 카드회사의 이미지에서 벗어나 다양한 가치와 이미지를 그려내고 있다. 또한 프리비아[Privia] 라는 브랜드를 통해 고급스럽고도 차별화된 라이프서비스를 제공하고 있다. 스스로 광고에서도 'Believe it or not'을 강조하며 기존 카드회사가 가지지 않은 차별화된 이미지를 부각시키고 있다. 게다가 MoMA 온라인을 독점 운영하면서 현대카드로만 구매 가능한 공간도 만들었다.

아트 상품에 대한 관심이 커지는 상황에서 이는 현명한 접근이다. 세계적인 테니스 스타인 마리아 샤라포바[Maria Sharapova] 를 비롯해 세계 정상급 스포츠 스타를 초빙해서 스포츠 이벤트를 벌이거나, 일디보[Il Divo], 비욘세[Beyonce], 빌리 조엘[Billy Joel] 과 같은 뮤지션들의 콘서트나 고급 문화 공연을 국내에 유치하는 것도 카드사의 이미지를 제고하는 데 효과적이었

 출처: 문권모, 정임수, '기업 전략-혁신의 도구 디자인경영', 〈동아일보〉 2008년 6월 14일자.

다. 이 밖에도 기존 신용카드사가 하지 않던 다양한 서비스나 사업을 현대카드는 펼치고 있다. 디자인경영은 결국 모든 영역을 사슬처럼 엮어서 성공의 문턱으로 다가갈 수 있게 이끈다.

현대카드는 멋진 라이프스타일을 위해서 무엇이 필요한지, 그리고 소비자에게 어떻게 감성적으로 접근하는지를 제대로 알고 있었다. 가장 이성적으로 경영 전략을 펼칠 것만 같은 금융서비스 분야에서 가장 감성적으로 접근한다는 역발상이 소비자들에게 통한 것이다.

통신서비스기업이 디자인경영을 적용하다

KTF는 2004년 12월 이미 국내 이동통신업계 최초로 디자인을 차별화된 핵심 경쟁력으로 선언한 바 있다. 오렌지 컬러라는 아이덴티티를 적용하여 CI를 리뉴얼했으며 이를 바탕으로 SI를 적용해 굿타임숍, 휴대폰 디자인 공모전, 굿타임 디자인 프로덕트, 유니폼 디자인 리뉴얼 등 전방위적으로 디자인을 활용하여 성공을 거두었다.

KTF는 디자인경영을 '굿타임 디자인'이라고 정의한다. KTF의 기업 비전인 '모바일 파트너 실현'을 위해 디자인경영을 새롭게 명명한 것이다. 이것은 '식스시그마'나 '윤리경영'처럼 경영 혁신의 일환으로 포지셔닝되어 KTF의 소프트 경쟁력 강화를 위한 핵심 전략으로 추진되고 있다. KTF가 굿타임 디자인경영을 도입한 배경은 높아진 고객의 니즈와 변화된 경쟁시장 환경 때문이다. KTF는 치열해진 시장 경쟁 상황에서 우위 요소를 서비스 디자인 혁신이라고 보았으며 이는 디자인경영 도입을 앞당기는 배경이 되었다. 따라서 디자인 개발 투자비는 디자인경영을 추진한 이후 대폭 확대되었다. 여기에는 순수 디자인 기획 및 샘플 제작비, 디자인경영 컨설팅 비용, 사내직원 디자인 역량 강화 비용, 사회 공헌을 위한 디자인 투자 비용 등이 포함된다.

KTF는 이동통신시장의 제2라운드에서 디자인을 승부수로 띄웠다. 신기술과 브랜드 이미지의 경쟁구도로 접어든 타 이동통신사들 역시 디자인으로 정면승부하겠다고 발표했다. 사실 이동통신 서비스업은 유형의 가치가 아닌 무형의 서비스를 제공하기 때문에 이미지를 전달하는 데 제약과 어려움이 많다. 그럼에도 불구하고 KTF는 오렌지 컬러라는 아이덴티티를 통해 이동통신업계에 감성마케팅 바람을 몰고 왔다.

KTF는 감성 체험을 통해 오감을 만족시키는 마케팅을 지속적으로 추진해왔다. 이를 위해 기존 대리점을 오감 체험을 위한 굿타임숍으로 바꾸고, 스타 디자이너의 손길을 느낄 수 있는 유니폼과 디자인 프로덕트인 굿타임굿즈 및 감성 기프트를 개발했다. 또한 음악 채널 오픈, 패션이 결합된 게임, 모바일 소믈리에 서비스 등을 개발해 소비자가 오감 디자인을 체험하도록 배려했다. 디자인마케팅에 집중하기 시작하면서 KTF는 고객층도 상당수 확보했으며 매출상승이라는 결과치도 거머쥐었다.

KTF는 통신기업으로 출발했지만 진화에 진화를 거듭하면서 미디어기업, 엔터테인먼트 컨텐츠기업으로 성장하고 있다. 생각을 바꾸면 새로운 진화가 가능하며, 진화는 결국 기업을 시대에 맞게 성장시킨다.

KTF의 디자인경영 핵심에는 사내 조직인 '디자인 프론티어'가 있다. 그동안 서비스기업으로 사내 디자이너를 육성하기보다는 외부 디자인 회사와 협력하여 업무를 진행하던 KTF는 내부에서 창의적인 디자이너를 육성하기 위해 버추얼 TFT^task force team를 조직한 것이다. 이들의 임기는 1년이며 약칭으로 '디플^deep+full의 합성어'이라 부른다. 이들은 주로 디자인 관련 업무 통합 관리, 디자인 자문 활동, 사내 창의적 문화와 혁신의 주역으로서의 임무를 수행한다. 게다가 경영진에서는 이들을 적극적으로 독려하고 배려하기 때문에 빠르게 업무 혁신을 도모할 수 있다.

디자인 프론티어는 '디자인에 미치다', '디자인에 감동하다', '디자인에 당황하다'로 구성된 디자인 광고캠페인에도 아이디어를 제출했다. 그 밖에 KTF 매장기획에서부터 유니폼 디자인, 웹사이트 디자인 등 고객과 만나게 되는 모든 분야에서 디자인 혁신을 이룩하고자 한다. 한편 KTF는 이상적인 디자인 조직을 구축하고 동시에 디자인 협력 체계를 정비했다. 디자인경영 중기 전략과 로드맵, 디자인 광고캠페인, 휴대폰 컬러 디자인 등 디자인 관련 프로젝트를 이노디자인, 두킴디자인, 안그라픽스, 제일기획, 한국능률협회, GCR^영국 색채 전문 디자인 회사 등과 협업했으며, 이를 검증하기 위해 디자인 전문가와의 커뮤니케이션도 활성화했다. 또한 이 모든 과정을 원활히 실행하기 위해 디자인 협력사를 2003년 18개사에서 2006년 상반기 38개사로 확대했으며, KTF 디자인 업무 종사자도 2003년 92명에서 2006년 184명으로 확충했다.

제조기업은 제품에 대한 시각 위주의 디자인경영을 실시하지만 서비스기업은 감성적 경험 위주의 디자인경영을 추구한다. KTF는 감성 체험을 통해 오감을 만족시키는 마케팅을 지속적으로 추진해왔다. 또한 굿타임 디자인경영을 도입한 후 브랜드 선호도가 가파르게 상승하여 한국색채디자인대상을 수상했으며 수년간 고객만족경영대상을 받았다.

회계는 몰라도
디자인을 모르면
CEO가 아니다

디자이너만 디자인을 하는 것은 아니다. 사실 모든 직원들이 크고 작은 업무에서 디자인을 적극 활용하고 있다. 디자인은 겉포장만을 의미하지 않는다. 문서의 가독성을 높이고, 중요한 메시지를 강조하고, 선택과 집중을 하고, 상대를 설득하는 데도 디자인이 사용된다. 이를 정보 디자인 혹은 커뮤니케이션 디자인이라 한다. 좋은 내용이 담겨 있어도 효과적으로 보고서를 구성하지 못하면 상대를 설득할 수 없다. 설득은 귀가 아닌 눈으로 한다. 오랫동안 생각해야 하는 문제가 아닌 이상 짧은 시간 내에 결정하게 만들려면 디자인의 힘이 필요하다.

아울러 패션도 업무 수행 능력이라 할 수 있다. 그러므로 자신의 가치를 돋보이게 만드는 수단으로 패션을 적극 이용할 줄 알아야 한다. '일만 잘하면 되지', '업무와 패션이 무슨 상관이야?'라고 생각한다면 당장 그런 생각부터 바꿔야 한다. 사실 그렇게 생각하는 사람들도 세련된 스타일을 갖춘 사람과 업무적으로 만나면 호감을 가질 것이다. 유능한 사람일수록 패션 감각이 탁월해야만 성공할 수 있다. 세련된 외모와 패션은 보다 높은 신뢰와 호감을 주고, 설득과 협상에서 보다 더 유리한 성과를 끌어낸다.

디자인에 대한 통합적 마인드를 지니고 있던 잭 웰치 ^{Jack Welch} GE 전 회장은 '디자인을 모르는 경영자는 실패뿐이다'라고 말했다. 이건희 전 회장은 '디자인과 같은 무형의 창조적 자산이 21세기 기업 경영의 최후 승부처가 될 것이다'라고 주장하기도 했다. 디자인의 가치가 기업의 핵심가치로 떠오르고 있고, 디자인경영은 선택이 아닌 필수가 되고 있다. 기업은 디자인으로 무장하는데 구성원들이 디자인에 문외한이거나 마인드조차 갖고 있지 않다면 어떨까? 기업 내에서 도태와 실패를 자초하는 상황으로까지 몰릴 수도 있다.

그래서 우리는 디자인 마인드를 가져야 한다. 디자인 마인드를 가지기 위해서는 두 가지 원칙만 지키면 된다.

우선 버려라. 디자인을 바라보는 주관성, 개인의 취향, 그리고 고집을 버려야 한다. 나 자신은 디자이너가 아니다. 디자인에 대한 불필요한 주관성과 개인적인 취향을 버려야 한다.

그리고 누려라. 디자인에 대한 안목을 가지려면 많이 접하고, 많이 느끼고, 많이 봐야 한다. 눈이 호강하지 않으면 결코 디자인 마인드가 나아지지 않는다. 디자인은 소비이자, 아우라다. 많이 소비하고, 많이 경험한 사람에게 디자인 마인드가 생길 것이다.

마지막으로 기록해라. 기록은 창조적인 상상력으로 당신을 이끌 것이다. 기록한 내용들이 커다란 그물처럼 얽힌다면 시장에 커다란 파괴력을 안길 대단한 제품이 탄생할 것이다.

MBA는 가고 MFA가 온다

MBA는 지금까지 최고경영자들의 필수 코스였다. 그런데 얼마 전부터 MBA 회의론이 거세다. 《빅 씽크 전략 Big Think Strategy》의 저자인 번트 슈미트 Bernd Schmitt 교수는 MBA를 회의적으로 바라보는 석학 중 하나다. 그는 대부분의 MBA 교육 프로그램이 너무 분석에만 치중하다 보니 미래의 경영자들을 숫자 분석 로봇으로 만든다고 비판했다. 그러면서 분석력보다 창의력을 개발하는 프로그램이 만들어져야 한다고 강조했다.

미국 경영지인 〈패스트컴퍼니〉는 세계에서 가장 혁신적인 기업의 상위 랭킹에 IDEO를 선정한 바 있다. 이 기업은 삼성과 LG의 디자인을 담당했던 세계적인 디자인컨설팅회사다. 세계적인 기업들은 인류학적 접근으로 소비자를 대하는 IDEO의 마인드에 감탄해 업무를 적극적으로 의뢰한다. 재무, 회계, 마케팅 등의 시각으로 바라보는 MBA식 접근과 달리 인간에 대한 이해와 창의적 사고를 중요시하는 접근이야말로 디자인경영과 디자인마케팅 분야에서 가장 효과적인 무기가 될 수 있다.

런던비즈니스스쿨의 게리 하멜 Gary Hamel 교수도 MBA 회의론자다. 구글과 홀푸드마켓 Whole Foods Market 등 혁신적 기업의 CEO들은 MBA 출신이 아닌데도 세계적인 기업을 이끌고 있다. 그래서 최근에는 MFA가 각광받고 있다.

《새로운 미래가 온다 A Whole New Mind》의 저자인 대니얼 핑크 Daniel H. Pink 는 '지는 MBA, 뜨는 MFA The MFA is the new MBA' 라는 글을 통해 최근 기업경영에서 예술 관련 학위가 가장 인기 있으며, MFA Master of Fine Arts 가 MBA Master of Business Administration 를 대체하고 있다고 주장했다. 단순히 기능

과 품질이 뛰어난 제품으로는 더 이상 경쟁할 수 없기 때문에 감성적인 접근을 통해 매출을 올릴 수 있는 이른바 아트 비즈니스가 요구되고 있다는 것이다. 하버드 대학, 스탠퍼드 대학, 일리노이 공대는 이미 MBA에 MFA 개념을 가미해 디자인 리더들을 육성하고 있다.

이러한 변화에 맞춰 국내에서도 최고디자인책임자인 CDO^{Chief Design Officer}를 두는 기업이 늘고 있다. 이후에는 MBC^{Master of Business Creativity}도 부각될 것이며 기업에서도 CCO^{Chief Creativity Officer} 혹은 CIO^{Chief Imagination Officer}를 두는 사례가 늘어날 것이다.

디자인을 망치는 경영자가 되지 마라

디자인경영이 경영화두로 부각되면서 디자인에 관심을 갖는 경영자들이 많아졌다. 그러나 디자인경영을 바라보는 경영자의 태도는 여전히 바뀌지 않고 있다. 더 심해진 경우도 있다. 아예 관심 없었을 때가 더 좋았다고 말하는 사람들도 있다. 어설픈 관심으로 일을 그르치는 일들이 많이 발생하고 있기 때문이다.

아직도 디자인을 바라볼 때 색과 형태만 고려하는 경영자는 문제가 많다. 디자인은 더 이상 시각적 도구가 아니라 감성적 도구이자 마케팅 도구다. 시각적 판단에만 의존할 게 아니라 의도와 감성, 경험, 마케팅을 모두 고려해서 판단해야 한다. 디자인은 최종 결정하기까지 여러 가지 시안들이 만들어진다. 하지만 최종 시안을 결정하기 전 A안과 B안을 섞어보자는 발상은 지극히 위험하다.

시안의 의도를 읽어내지 못하고 시각적으로만 판단하기 때문에 '절충'을 통해 심리적인 안정을 얻으려고 하는 것이다. 어찌됐든 간에 이는 디자인을 눈으로만 바라본 전형적인 폐해다. 훌륭한 경영자는 디자이너에게 모든 것을 믿고 맡긴다. 아마추어의 판단으로 디자인의 가치를 손상시킬 개연성이 높기 때문이다. 절대 주관적인 판단으로 일을 그르치는 경영자가 되어서는 안 된다. 경영자는 오직 디자인의 의도만 읽어야 한다. 의도를 꼭 따지고 물어야 한다. 그리고 디자인을 감성적, 주관적 이해로 보지 말아야 한다.

경영자를 위한 디자인 마인드를 길러라

첫째, 버려라!

얻기 위해 버려라! 뭐든 새로운 것을 하나 얻으려면 뭔가 하나는 버려야 한다. 우선, 세 가지를 버려라. 먼저 "이게 디자인과 무슨 상관이냐?" 라고 되묻는 마인드를 버려야 한다. 즉, 선입견과 관성을 버려야 한다. 세상 모든 것은 디자인 영역 안에서 살아간다.

또한 디자인에 대한 주관, 개인의 취향 그리고 고집을 버려라. 자신이 디자이너가 아니라면 과감히 버릴 줄 알아야 한다. 디자인은 주관이 개입될 수 있기 때문에 누구나 한마디씩 할 수 있는 분야다. 그래서 쉬운 듯하지만 지극히 어렵다.

디자인은 예술이 아니다. 디자인은 나만을 위한 놀이도 아니다. 디자인은 산업이자, 감성을 뒤집어쓴 논리이며, 대중을 위한 즐거움이다. 디자인을 예술로만 여기거나 개인적인 즐거움을 위해서만 이용하면, 대중에게 불필요한 주관성을 부각시키고 개인적인 취향을 고집부리기 십상이다. 경영자의 주관적 고집이 디자인의 객관화를 가로막는 주범임을 기억해야 한다. 그리고 경영자를 위한 디자인이 아니라 소비자를 위한 디자인이어야 한다.

마지막으로 모방에 대한 당당함을 버려야 한다. 벤치마킹은 베끼기가 아니다. 디자인 모방은 최악의 선택이다. 그리고 디자인은 벤치마킹보다 창조적 접근이 더욱더 필요하다. 남의 것을 참고해봐야 결국 남의 것과 비슷해질 뿐이다. 그러니 쉬운 길을 선택하고자 벤치마킹에 의존하는 마인드는 버려야 한다.

둘째, 가져라!

디자인에 대한 안목을 가지려면 많이 접하고, 많이 느끼고, 많이 봐야 한다. 눈이 호강하지 않으면 결코 디자인 마인드도 개선되지 않는다. 디자인은 소비다. 많이 소비하고, 많이 가지고, 많이 경험한 사람에게 더 좋은 디자인 마인드가 생성되는 것은 당연하다. 촌스러운 눈으로는 결코 세련된 디자인을 볼 수 없다. 디자인과 브랜드 등 다양한 경험과 정보를 가질수록 디자인을 보다 경제적 가치로 바라보는 데 유리하며 디자인에서 기회를 찾는 데도 유리하다.

셋째, 믿어라!

전문가를 믿어라. 디자이너를 믿어라. 무엇보다 디자인 계획과 실행을 주도하는 직원을 믿어라. 누구나 한마디 하기 쉬운 분야가 바로 디자인이지만 결코 그런 상황이 발생해서는 안 된다. 그러니 경영자가 혼자 모든 것을 장악하려는 욕심은 버려라. 리더는 디자이너가 아니다. 디자인이 아무리 중요해도 리더의 일은 따로 있다. 더 중요한 일을 해내기 위해서는 반드시 전문가에게 맡겨라.

어두운 경제학이
디자인을 유혹하다

"디자인이 사람에게 미치는 영향력을 보면
놀랍기 그지없다.
그래서 박물관이
시각적 콘텐츠만 바꿔도
관람객 수를 두 배나 늘릴 수 있다"

질리언 토머스 영국과학박물관

DESIGNPOWER

디자인과 범죄의 상관관계, 즉 디자인 때문에 생기는 어두운 경제학을 들여다보려면 BMW, 루이비통, 아이팟의 경우를 살펴보면 된다. 이세 가지 제품들은 동종제품군에서도 선호도가 가장 높다. 무엇보다 최고의 디자인이라는 찬사를 받고 있다. BMW는 자동차가 아니라 그냥 BMW이고, 루이비통도 명품 브랜드 중 하나가 아니라 그냥 루이비통이며, 아이팟도 MP3 플레이어가 아니라 그냥 아이팟이다.

이 제품들은 제품군에서 대표명사이자 타 제품과의 차별성을 강하게 보여준다. 하지만 최고의 디자인으로 평가받고 있는 이 제품들이 범죄율을 상승시킨다는 사실을 과학적인 증거들과 함께 제시한다면 믿을 수 있겠는가? 도대체 BMW, 루이비통, 아이팟이 범죄율 상승과 무슨 연관이 있단 말인가?

우선 BMW부터 자세히 살펴보자. BMW는 교통사고 범죄율과 조직폭력배, 유흥업계의 음성탈루소득과 불편한 연관관계를 가지고 있다. 과속 단속 카메라에 찍히는 차 중 대다수는 외제차인데 그중 BMW는 대표적이다.

국산차를 BMW로 개조하는 사례도 있다. BMW의 엠블럼과 키드니 그릴을 비롯해 고유한 아이덴티티를 담고 있는 디자인을 적용하는 일종의 디자인 모방이 공공연히 행해지고 있다. 이 또한 엄연히 지적재산권 침해이며, 자동차 불법개조의 범주로도 해석이 가능하다.

아울러 BMW는 조직폭력배와 연결된 음성탈루소득과도 관계가 있다. 조직폭력배나 유흥업계 종사자들은 BMW를 유난히 선호한다. 겉만 번지르르한 이들은 월세방에 살더라도 자동차는 최고급 브랜드만을 선호하는데 그중 가장 선호하는 자동차가 바로 BMW다. 설마 조직폭력배나 유흥업계 종사자들이 경차를 타지는 않을 것이다. 그렇게 보면 조직폭력배나 유흥업계의 수익이 BMW 판매에 긍정적 영향을 미칠 수 있음은 부정할 수 없다. BMW는 이런 상황을 전혀 반기지도, 예상치도 못했겠지만 현실에서 BMW는 범죄율과 미묘한 상관관계를 가지고 있다.

루이비통 역시 범죄와의 연결고리를 지니고 있다. 루이비통은 짝퉁이 가장 많은 브랜드 중 하나다. 명품하면 바로 루이비통이라고 할 정도로 대표적인 고가 브랜드이자 전 세계 모두가 꼭 하나쯤은 갖고 싶어하는 브랜드가 바로 루이비통이다. 그러다 보니 청소년들은 이 제품이 갖고 싶어 성매매라는 범죄에 손댈 수도 있다. 실제로 일본에서는 청소년 성매매의 주된 이유 중 하나가 명품 구입이었다.

명품을 소유한 청소년들은 점점 늘어나는데, 청소년들의 주머니 사정은 늘 한정적이다. 청소년 성매매로 구속되는 범죄자들이 점점 늘어나는 이유도 수요와 공급이라는 시장논리에 기인한다. 따라서 루이비통이 청소년 성매매 범죄율 증가와 상관관계를 지니고 있음을 부인할 수는 없다. 물론 루이비통은 이런 상황이 불쾌할 수도 있다. 하지만 어쩌겠는가? 루이비통의 의지와 상관없이 비싼 명품을 갖기 위해 성매매도 불사하는 청소년들이 많다는 것은 사실이다.

결국 BMW와 루이비통은 범죄율 상승과 미묘한 상관관계를 갖고 있다. 매력적인 제품들이 범죄율과 관계가 있다는 주장은 비약적인 논리일 수도 있다. 하지만 한 가지 분명한 것은 사람들에게 매력적인 제품일수록 열망과 욕구가 크기 때문에 범죄율도 증가한다.

아이팟은 범죄 유발의 대표 주자

아이팟은 누구나 갖고 싶어 하는 제품이자 한 손에 들어갈 만큼 작다. 그러다 보니 훔쳐서라도 가지고 싶은 욕구가 쉽게 생긴다. 본인이 사용하려고 훔치기도 하지만 아이팟은 중고품도 잘 팔리기 때문에 도난율이 높다. 크기도 작다 보니 훔치기도 그리 어렵지 않다.

아이팟은 교통사고율 증가와도 연관성이 있다. 귀와 눈을 빼앗겼으니 교통사고에 쉽게 노출될 수밖에 없다. 이는 운전자들도 마찬가지다. 최근에 출시되는 자동차들은 대개 아이팟과의 연동을 기본 혹은 옵션으로 장착하고 있다. 음악을 크게 듣다가 집중을 하지 못해 사고가 난다는 주장도 일리는 있다.

지적재산권 침해와도 무관하지 않다. 아이팟의 디자인을 노골적으로 베끼는 중국산 제품도 문제지만 불법으로 MP3 파일을 다운받는 행위도 큰 문제다. 아이팟은 혁신을 대표하면서 동시에 범죄율 상승에도 커다란 역할을 한다.

미국 워싱턴 소재 어번연구소는 아이팟과 범죄율 증가의 연관성에 대해 2008년 3월 5일 〈AP통신〉을 통해 소개한 바 있다. 아이팟은 크기가 아주 작기 때문에 훔치기 좋은데다 도난 시 위치 추적이나 도난경보 기능도 없기 때문에 쉽게 도난의 표적이 된다는 것이다. 아울러 아이팟 사용자들은 음악을 듣느라 주변 상황에 크게 신경 쓰지 않기 때문에 범죄에도 무방비로 노출된다고 한다.

어번연구소는 1991년 이후 계속 줄어들던 범죄율이 아이팟 성공기인 2005~2006년 이후로 다시 늘었다는 점도 근거로 제시했는데 인구 10만 명당 강도 사건이 2004년 137건에서 2005년 141건, 2006년 149건으로 증가했다고 밝혔다. 이 기간에는 특히 성인층보다 청소년 범죄율이 큰 폭으로 증가했으며 뉴욕과 샌프란시스코, 워싱턴 등의 지하철에서 아이팟 도난사건이 급증했다는 사실도 객관적으로 확인되었다. 그러다 보니 아이팟 사용에 대한 규제의 목소리는 높아지고 있다.

결국 2007년 2월 뉴욕 시에서 아이팟을 꽂고 횡단보도를 건너는 것을 금지하는 법안이 제안되었다. 무단횡단을 하면 벌금을 내듯이 아이팟을 꽂고 횡단보도를 건너면 벌금 100달러를 내게 하는 법안이었다. 이 법안은 칼 크루거 Carl Kruger 뉴욕 주 상원의원이 제안했는데 법안에 따르면 횡단보도를 건널 때 아이팟뿐 아니라 블랙베리, 비디오 게임과 같은 전자기기를 사용할 수 없다. 실제 뉴욕 시에서는 아이팟을 듣다가 교통사고로 사망한 사건이 다수 발생했다. 이처럼 아이팟은 사회문화적 반향과 함께 수많은 곳에서 영향을 미치고 있다.

디자인과 범죄와의 상관관계를 이야기하는 것이 비약적 해석일 수도 있다. 하지만 아주 매력적인 디자인은 소유하고픈 욕구를 부추겨서 절도를 비롯한 범죄를 유발한다. 설마, 라고 할지도 모르지만 객관적인 근거 자료들이 최근 제시되고 있다.

사실 '디자인과 범죄와의 상관관계'라는 주제를 고민하면서 설마 BMW나 루이비통, 또는 아이팟이 명예훼손으로 고소하지는 않겠지, 라는 걱정도 들었다. 브랜드를 범죄와 연관시켜 풀어내고 있으니 그들이 유쾌할 리는 없다. 그런데 기업들은 과연 구매자가 내민 돈의 출처를 알 수 있을까? 악당의 돈인지, 불법자금인지 알 수 없다.

디자인 모방도
산업이자
경제다

짝퉁산업은 음성산업이라서 정확한 규모를 알 수 없다. 다만 2008년 3월에 영국의 일간지인 〈가디언〉은 짝퉁산업의 실태를 보고하면서 전 세계에 생산되는 제품의 10퍼센트는 짝퉁이며 2007년 짝퉁시장 규모도 약 6,000억 달러 _{당시 한화 기준으로 약 582조 원}에 이른다고 보도했다.

모조품 사용실태를 연구하는 국제 연구기관인 해벅스코프는 2006년 모조품 및 불법복제 시장 규모는 약 5,270억 달러 _{당시 환화 기준으로 약 487조 원}에 이른다고 발표했다. 세계관세기구 WCO 에 따르면 세계 짝퉁산업의 규모는 2004년을 기준으로 전 세계 물품교역량의 7퍼센트인 5,400억 달러 _{당시 환화 기준으로 약 524조 원}에 이른다고 한다.

발표기관이나 연도별로 다소 차이는 있지만 최소 5,000억 달러 이상이 지난 5년 여간 전 세계에 유통되었을 것이다. 세계적인 불황속에서도 짝퉁산업은 여전히 호황을 맞이하고 있다. 짝퉁산업의 규모는 우리나라의 연간 예산보다 두 배 이상이며, 웬만한 나라의 국내총생산 GDP 보다 크다. 실제로 석유부국으로 알려진 사우디아라비아의 GDP도 짝퉁산업의 규모보다 작다. 그러다 보니 짝퉁산업을 단순히 멀리할 것이 아니라 경제, 사회적으로 미치는 영향력을 객관적으로 분석할 필요가 있다.

짝퉁산업도 규모가 커지면서 생산과 유통을 정비하고 사업적 외형도 더욱 철저히 갖춰가고 있다. 미국의 짝퉁시장 규모는 2006년 기준으로 연간 2,250억 달러 정도였지만 그중에서 적발된 불법 상품의 총액은 0.068퍼센트에 불과한 1억 5,500만 달러에 불과했다. 그나마 이는 전년 대비 46퍼센트나 증가한 수치이니 실제 짝퉁시장 규모에 비해 적발되는 실례는 미미하다.

특허청의 위조상품 적발현황 자료에 따르면 2008년 상반기에 위조 상품 단속건수 중 1위는 샤넬$^{17\%}$ 이었으며, 루이비통$^{12.6\%}$, 디올$^{7\%}$, 구찌$^{6.7\%}$ 등이 그 뒤를 이었다. 품목별로 보면 액세서리 같은 장신구가 57.7퍼센트로 가장 많았고 뒤이어 가방$^{16.2\%}$, 의류$^{15.4\%}$ 순이었다. 장신구는 샤넬 $^{20.8\%}$, 아가타$^{10\%}$, 디올$^{9.8\%}$, 가방은 루이비통$^{50.8\%}$, 의류는 아디다스$^{8.6\%}$, 신발은 페라가모$^{20.5\%}$, 시계는 까르띠에$^{18.9\%}$ 순으로 위조 상품이 많았다. 위조 상품 적발 건수는 2005년에 3,038건, 2006년에 3,369건, 2007년에 3,503건으로 매년 증가하는 추세다.

디자인 모방의 메카는 중국이다

중국의 멀티미디어 가전업체인 메이주^{Meizu}는 아이폰과 아주 흡사한 M8라는 제품을 출시했다. 아이폰이 중국을 비롯해 아시아 시장에 출시되기 전이었다. M8는 복제 아이폰이라 할 수 있는데 아이폰보다 크기가 약간 작기 때문에 3.3인치 화면을 장착했고 두께는 아이폰보다 0.1밀리미터가 얇은 11.5밀리미터다.

아이폰은 해상도가 320×480이지만 M8은 720×480의 해상도를 지원한다. Win CE 6.0 운영체제를 사용하고 블루투스와 TV-OUT 기능까지 갖췄다. 200만 화소 카메라를 장착한 아이폰과 달리 M8는 300만 화소와 30만 화소의 카메라를 두 대나 내장하고 있다. 유럽식인 GSM과 중국의 자체 3G 표준인 TD-SDMA 네트워크까지 동시에 지원한다. 사양만 보자면 아이폰보다 훨씬 낫다.

메이주는 이미 아이팟과 유사한 제품을 시장에 선보여서 논란이 된 적이 있었다. 아이팟뿐 아니라 아이폰까지 베낀 제품이 아무런 제제 없이 버젓이 판매되고 있으니 이를 물리적인 힘으로 막는 데는 한계가 있다. 애플로서는 막대한 손해가 아닐 수 없다. 컴퓨터, 핸드폰, 디지털카메라까지 세계적인 브랜드들의 디지털 기기들은 모두 중국에서 짝퉁으로 출시된다. 기술 중심 산업도 짝퉁으로 넘쳐나는데 다른 분야는 얼마나 더 크겠는가?

스타벅스 Starbucks 는 중국식으로 '싱바커 星巴克'라 읽는다. Star를 의역한 싱 星과 bucks를 음역한 바커 巴克 가 합쳐진 말이다. 스타벅스는 2008년에 싱바커와 상표권 문제로 법적 분쟁을 빚기도 했다. 스타벅스와 싱바커는 전혀 관계가 없기 때문이다. 이 또한 스타벅스의 브랜드와 디자인을 모방한 사례다. 이러한 사례는 정말 빙산의 일각에 불과하다. 중국이 모방하지 않는 브랜드와 디자인은 최고가 아니라는 우스갯소리가 있을 정도다.

중국은 전 세계 짝퉁시장의 3분의 2를 차지하고 있다. 아울러 저작권 피해와 관련된 소송을 해도 중국 현지에서 벌어지는 소송의 경우에는 이긴다는 보장도 없다. 중국이 짝퉁을 하나의 문화로 받아들이는 이유는 하나다. 제품의 질만 좋으면 상관없다는 생각이 팽배해 있기 때문이다.

게다가 불법이라도 돈만 벌면 된다는 의식도 만연해 있기 때문에 이를 막기란 현실적으로 불가능에 가깝다.

중국에 이은 인도도 경계해야 할 국가다. 중국이 의류, 시계, 핸드폰, 자동차까지 위조한다면, 인도는 심지어 모조 의약품을 만들어낸다. 그렇다면 한국이라고 해서 짝퉁산업과 관계가 없을까? 2005년에 미국 세관이 발표한 지적재산권 침해 물품 적발 실적에 따르면 한국에서 유입된 위조 상품은 약 140만 달러였다. 이는 중국6,300만 달러, 홍콩570만 달러, 아랍에미레이트210만 달러, 인도190만 달러, 파키스탄170만 달러에 이어 여섯 번째 규모다.

일본 재무성이 같은 해에 발표한 지적재산권 침해 물품 적발 실적에서도 한국은 총 적발건수 1만 3,467건 중 44.7퍼센트에 달하는 6,045건으로, 중국6,278건에 이어 2위를 차지했다. 미국과 일본에 위조 상품을 수출하는 대표 국가 중 하나가 한국인 셈이다. 한국 내 어떤 기업은 제대로 된 가치를 지닌 제품을 생산하고, 다른 곳에서는 모방 제품을 그대로 찍어내고 있다. 이렇게 보면 한국은 참으로 아이러니한 나라다.

사실 짝퉁산업은 위험요소는 낮고 수익은 높기 때문에 투자가 넘친다. 그래서 짝퉁산업의 규모는 점차 커지고 있다. 생산자는 검증된 브랜드를 다루기 때문에 좋고, 유통업자는 적은 비용으로 큰 이익을 낼 수 있기 때문에 거부할 이유가 없다. 소비자 역시 진짜라고 속아서 사지 않는 한 명품이라는 아우라를 갖고 있기 때문에 손해볼 것은 없다. 생산자, 유통업자, 소비자 모두에게 만족을 주는 비즈니스가 바로 짝퉁산업이다. 가령 1,000달러짜리 루이비통 핸드백이 10~20달러짜리 가짜로 만들어져서 100달러에 팔린다고 하자. 이보다 높은 수익성이 어디 있겠는가? 마약이 아닌 이상 이만큼의 수익성은 나올 수가 없다. 그렇기 때문에 음성적인 투자가 짝퉁산업에 파고드는 것이다.

짝퉁을 진짜라고
속을 리는
없다

짝퉁이 경제를 좀먹게 하는 것은 아니다. 특히 최근에 짝퉁은 예술과 결합해 새로운 시장을 창출해내고 있다. 그중 팝아트는 짝퉁이 만들어낸 대중적인 고급 예술이라 할 수 있다. 엄숙한 예술성을 특징으로 하는 기존 미술에 반기를 들고 쉽게 복제하고 대량 생산되는 상업광고 이미지나 일회용품, 만화, 신문, 잡지 등을 예술소재로 활용하는 팝아트를 짝퉁의 연장선으로 봐도 비약은 아니다.

리히텐슈타인 Liechtenstein 은 미국 성인만화를 확대 재현했으며, 앤디 워홀 Andy Warhol 은 캠벨수프 깡통이나 마릴린 먼로 Marilyn Monroe 사진 등을 복제해 오리지널 이미지를 예술이란 이름으로 짝퉁화했다. 이는 진지한 예술을 향한 조롱이자 문화적, 경제적 가치를 발현하고 있는 새로운 시도임이 분명하다.

결국 모사와 모작도 예술시장에서 새로운 경제 요소가 된다. 2008년에 발생한 화가 이수근의 '빨래터' 위작 논란을 보더라도 수요가 있으니 공급이 있게 마련이다. 이는 가장 기초적인 경제논리로 보더라도 당연하다. 특히 유고한 유명 작가의 경우, 공급은 한정되어 있는데 수요는 늘어나다 보니 모사와 위작의 유혹이 뒤따른다. 결국 수요를 채워줄 공급이 모방으로 이어지고, 수요와 공급의 균형을 통한 시장의 성장도 이뤄지는 셈이다.

짝퉁은 짝퉁이고, 진품은 진품이다

2000년 이탈리아 법원은 노점상이 행인과 관광객을 상대로 모조품을 파는 행위에 대해 합법이라는 흥미로운 판결을 내렸다. 단 가짜는 진짜보다 값이 훨씬 저렴해야 하며, 가짜임을 식별할 수 있어야 한다는 단서가 붙었다. 사실 이러한 판결은 '짝퉁은 저렴한 가격으로 대리만족을 시켜주는 실용적인 선택이며, 짝퉁을 진짜로 속을 리는 없다'고 주장하는 짝퉁 예찬론자들의 생각과도 맥을 같이한다.

사실 디자인 모방이 명품에 국한된다고 생각하면 오산이다. 의류, 시계, 패션소품 등은 일부에 불과하다. 해벅스코프에 따르면 2006년 기준으로 미국 세관이 적발한 가짜 물품 종류만 1만 4,000여 종에 달하며 휴대전화와 무선 모뎀과 같은 정보통신 기술 관련 제품들은 가장 많이 적발되었다. 그리고 시장규모는 1,000억 달러로 추산됐다. 그 다음으로 IT 콘텐츠, 의약품, 소프트웨어 순이었다. 아래는 2006년의 품목별 모조품 시장규모다. 의약품, 자동차, 항공기 부품 등과 같이 생명과 직결되는 영역에서도 모조품 시장이 크다는 사실은 충격적이다.

세계보건기구 WHO 는 인터넷에서 의사의 처방전 없이 살 수 있는 약품의 50퍼센트가 가짜라고 밝혔다. 라이선스 없이 만드는 단순 복제품도 있지만 인체에 치명적인 '독극물'도 상당수에 이른다. 아르헨티나에서는 2005~2006년에 가짜 빈혈치료주사를 맞은 임산부가 연달아 사망하는 사고가 일어났다. 자동차 부품¹²⁰억 달러 은 물론 항공기 부속²⁰억 달러 까지도 '짝퉁'이 등장해 인류의 안전을 위협하고 있다. 인도에서 판매되는 자동차 부품의 37퍼센트, 케냐는 65퍼센트가 모조품이다. 안티카운터피트그

순위	품목	시장규모(달러)
1	IT 제품 및 부속(휴대전화, 모뎀 등)	1,000억
2	IT 콘텐츠(영상, 게임 등)	664억
3	의약품	400억
4	소프트웨어	395억
5	영화	182억
6	자동차부품	120억
7	의류	82억
8	음악	45억
9	담배	40억
10	화장품	30억
11	항공기부품	20억
12	소형무기	18억

표 5-1 2006년 품목별 모조품 시장규모

출처: 전창, '짝퉁 쓰나미 두손 든 지구촌', 〈동아일보〉 2007년 12월 13일자.

룹^{ACG}에 따르면 항공기를 구성하는 2,600만 개의 부품 중 52만 개에서 '짝퉁'이 발견됐다고 한다. 심지어 미국 내 항공사와 부품 공급사들의 부품창고에서 10억 달러어치 이상의 모조품이 발견됐다고 OECD 보고서는 밝혔다.

디자인이 청소년 흡연과 음주를 부추긴다

오늘날 성인 흡연율은 줄고 있지만 청소년 흡연율은 늘고 있다. 이는 청소년들이 담배산업의 주류 소비자가 되고 있음을 의미한다. 또한 담배는 중독성이 있기 때문에 첫 흡연고객을 확보하는 것이 담배회사에게는 중요하다. 한번 고객이 평생 고객이 될 가능성이 가장 크기 때문이다.

KT&G의 레종 블랙 시리즈는 케이스가 너무 매력적이다. '존재의 이유'라는 의미를 지닌 레종 데트르^{RAISON D'être} 시리즈를 2006년부터 매년 12월에 한정판매하는 KT&G는 의도했든 그렇지 않든 청소년들이 가장 들뜨기 쉬운 방학기간에 제품을 발매한다. 2006년 12월 한정판은 그래피티, 인디밴드, 비보이, 엑스스포츠, 인디무비 등 다섯 가지를 모티브로 채택한 디자인을 선보였으며, 2007년 12월 한정판은 변혁과 저항정신을 내세우며 미술의 팝아트, 음악의 펑크록, 영화의 누벨바그, 문학의 포스트 모더니즘, 건축의 아르누보 등 문화예술의 다섯 가지를 모티브로 디자인되었다. 2008년 12월 한정판은 창조적 융합을 내세우며 테크토닉 Techtonik, 브이제잉 VJing, 로토스코핑 Rotoscoping, 드로잉쇼 Drawing show 등 크로스오버적인 테마 아래 오늘날 20대가 사랑하는 네 가지 문화장르를 모티브로 디자인되었다.

KT&G에서 운영하는 브랜드카페인 &joy는 2035세대가 타깃인데 커피 한 잔에 1,000원이다. 매력적인 커피 가격이 비흡연자를 유혹해 흡연자로 바꾸어버릴 수도 있다. 또한 담배를 이용한 온갖 마케팅 방안들이 만들어지고 있다. 하지만 한국은 세계적인 흐름과는 반대로 행동한다. 담배 케이스에 끔찍한 이미지를 삽입해 흡연율을 낮추도록 전 세계가 노력하는데 유독 한국만이 그러지 않고 있다.

디자인은 세대를 넘나들며 사람들을 유혹하기 때문에 술, 담배, 마약과 같은 위험한 품목에서는 매우 신중한 기준이 마련되어야 한다. 그러므로 청소년 음주와 흡연 시기가 점차 낮아질수록 청소년 범죄율과도 적잖은 상관관계를 가질 수 있다는 사실을 명심해야 한다. 디자인은 새로운 경제적 기회를 만드는 힘을 가지기 때문에 분명 사회적 책임도 존재한다.

비즈니스 상상력이 녹아든 굿디자인

"굿디자인이 굿비즈니스다"

토머스 왓슨 주니어 전 IBM CEO

디자인이 좋으면 비즈니스도 잘될까? '굿디자인이 굿비즈니스'라는 명제가 설득력을 가지려면 디자인에 대한 투자가 발생할 수밖에 없다. 하지만 굿디자인을 위해 투자한 비용보다 적은 성과만 발생한다면 굿디자인과 굿비즈니스가 상관관계에 있다고 결코 말할 수 없다.

그렇다면 과연 굿디자인이 굿비즈니스라는 명제는 성립하는 것일까? 그리고 굿비즈니스를 위한 굿디자인은 무엇인가?

그림 6-1 | 폴 랜드가 디자인한 IBM 포스터

굿비즈니스를 위한 굿디자인의 조건

'굿디자인이 굿비즈니스다'라는 표현은 1973년 당시 IBM의 CEO였던 토마스 왓슨 주니어 Thomas Watson Jr. 가 와튼비즈니스스쿨의 강연 중 언급했다. 그후 이 말은 디자인경영의 중요성을 얘기할 때 자주 언급되고 있다. 즉 디자인이 가진 경제적 효과, 그리고 디자인이 경영 전략의 최고 무기라는 사실을 잘 설명하는 표현이다.

IBM은 1950년대부터 디자인 조직을 운영해 기업 로고부터 제품과 사옥에 이르기까지 기업의 모든 활동에 IBM의 디자인을 적용시켜왔다. IBM의 디자인 정책은 1956년부터 디자인 책임자로 임명된 엘리엇 노이에스 Eliot Noyes 가 폴 랜드 Paul Rand 및 미스 반 데어 로에 Mies van der Rohe 등과 함께 1960년에 공동으로 수립했다.

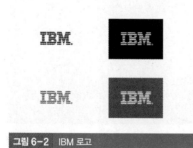

그림 6-2 IBM 로고

폴 랜드는 당시 예일 대학의 디자인과 교수이자 기업디자인의 대부라고 알려진 세계적인 그래픽 디자이너였다. 미스 반 데어 로에는 바우하우스 교장을 역임했던 20세기 대표 건축가였다. 소비자

들에게 권위와 신뢰를 주기 위해
이들은 당시 기업 로고로는 처음
으로 줄무늬를 채택했다. 특히 가
로줄무늬는 50년 가까이 IBM을
상징하는 고유 이미지가 되었다.

IBM의 성공 디자인 사례에서
보듯이 좋은 디자인을 위한 조건
은 무엇일까? 그냥 좋은 디자인
이 아니라 '굿비즈니스를 위한'이라는 전제가 붙은 '굿디자인'은 무엇을
말하는 것이며, 어떤 조건을 갖춰야 할까?

디자인적 관점에서 말하는 굿디자인이 아니라, 경제경영적 관점에서
말하는 굿디자인의 조건이 중요하다. 이것만 알 수 있으면 기업은 성공
적인 비즈니스를 이끌어내기 위한 디자인전략을 수립할 수 있다.

경제적 관점에서 굿디자인은 소비자의 원츠를 채워줄 수 있어야 한
다. 즉 감성가치와 경험가치가 제품에 녹아들어야 한다는 의미다. 그러
므로 디자인에 대한 투자가 효과를 거두기 위해서는 철저히 경제적으로
굿디자인에 접근해야 한다. 기업은 우선 굿비즈니스가 목적이며, 이를
성공시킬 수단으로 굿디자인을 필요로 한다. 그러니 디자인 자체가 목적
이 아니다. 아무리 심미성이 뛰어나고, 창조적인 디자인을 만들어도 소
비자의 선택을 받지 못한다면 결코 굿디자인이라 할 수 없다.

그렇다면 기업은 굿디자인을 객관적으로 인증해줄 무엇인가를 기대할
것이다. 또한 소비자는 공인인증을 통해 믿고 제품을 구입할 것이다. 결

GOOD DESIGN

국 산업디자인진흥원법에 의거해서 상품의 외관, 기능, 재료, 경제성 등을 종합적으로 심사하여 디자인의 우수성이 인정된 상품에 'Good Design' 마크(이하 GD 마크)를 부여하는 제도를 1985년부터 매년 시행하고 있다. 사실 GD 마크는 지원 제품 중에서 평가해 표시한다. 2004년에는 1,346개 제품이 지원해 55퍼센트가 넘는 744개 제품이 GD 마크를 달았고, 매년 지원하는 제품이 조금씩 증가함에 따라 GD 마크를 붙이는 비율도 조금씩 줄어들고 있다. 2008년 상반기에는 863개 제품이 지원해 40퍼센트 정도인 343개 제품이 GD 마크를 달았다.

그래도 지원하는 제품들 중 40퍼센트 이상은 마크를 달 수 있다. 문제는 모든 제품이 GD 마크를 달고자 하는 것이 아니라는 점이다. 그러다 보니 GD 마크를 단 제품이 반드시 가장 뛰어난 디자인을 입었다고 말할 수도 없다. 가끔 디자인적으로 혹평 받은 제품이 GD 마크를 달기도 한다. 그렇다면 과연 정부가 인증하는 굿디자인의 기준은 무엇일까?

2008년 우수 디자인 상품 선정계획의 심사기준을 살펴보면 제품/포장/환경 디자인 분야에서는 경제성/고객지향성, 인터렉션/사용성, 소재/환경친화성, 형태/심미성, 통합디자인 등 다섯 가지 기준이 각기 20점씩 동등한 배점으로 평가된다. 커뮤니케이션 디자인 분야에서는 콘셉트/고객지향성, 인터렉션/사용성, 품질, 심미성, 통합 디자인 등의 다섯 가지 기준으로, 소재 표면처리 디자인 분야에서는 혁신성, 실현가능성/품질, 환경친화성/생산성, 디자인/심미성, 통합 디자인 등의 다섯 가지 기준으로, 건축 디자인 분야에서는 디자인 혁신성, 유니버설 디자인, 신기술/신소재, 심미성, 환경친화성 등의 다섯 가지 기준으로, 패션 디자인 분야에서는 경제성/시장성, 실용성, 표현성, 창의성, 통합디자인 등의 다섯 가지 기준으로 평가된다.

제품/포장/환경 디자인, 커뮤니케이션 디자인, 소재 표면처리 디자인, 건축 디자인, 패션 디자인 등 총 다섯 가지 분야별로 각기 다섯 가지 항목의 심사기준을 가지고 있는데 이중 심미성은 다섯 가지 분야 모두에 적용되고 있다. 패션 디자인에서는 심미성 대신 표현성이란 말이 유사한 의미로 이해될 수 있다. 반면 경제성은 다섯 가지 분야 중 두 가지 분야인 제품/포장/환경 디자인과 패션 디자인에만 적용된다.

환경친화성이 세 가지 분야, 사용성과 고객지향성, 혁신성 등이 두 가지 분야에서 적용되고 있는 것에 비하면 GD 마크 심사에서 경제성이 차지하는 평가비중은 상대적으로 낮다. 디자인이 경제적 이해관계에서 출발했음을 안다면 시각적 관점 위주로 평가하는 데는 분명한 한계가 있다.

디자인은 디자이너가 하지만 투자는 기업이 한다. 디자인에 투자하는 목적은 수익이라는 경제적 이해관계 때문이다. GD 마크를 달았다고 해서 굿디자인이라고 단정할 수는 없다. 따라서 GD 마크는 경제적 관점, 소비자 관점 등을 고려한 평가항목을 추가해야 한다.

경제적 관점에서 바라봤을 때 굿디자인은 경제성, 심미성, 실용성을 갖춘 디자인을 의미한다. 그렇다면 삼성경제연구소[SERI]에서 정의하는 굿디자인의 의미를 먼저 살펴보자.

'굿디자인이란 고객에게 좋은 경험을 제공하는 디자인이라고 규정할 수 있다. 제품을 구성하는 제반 디자인 요소가 총체적으로 작용하여 즐거움, 만족 등 좋은 경험을 제공해야 한다. 이렇게 하기 위해서는 독창성을 지녀야 하고, 감성적인 만족을 충족시켜야 하며, 사용하기에 쉽고 안전해야 한다. 아울러 기업의 제품철학이 일관적일 필요도 있다. 굿디자인을 실현하기 위해서는 제품이 아닌 고객의 경험을 디자인한다, 라는 관점에서 접근해야 한다. 이를 위해서는 먼저 소비자 연구를 강화하며, 특히 소비자가 표현할 수 없거나, 경우에 따라서는 인지하지도 못하는 숨은 니즈를 발굴해야 한다.'[06]

그리고 〈인터내셔널헤럴드트리뷴〉의 앨리스 로손Alice Rawsthorn 은 굿디자인을 정의하는데 다섯 가지 사항을 밝힌 바 있다.

'첫째, 그 디자인이 무엇을 하는가에 대한 기능성, 둘째, 그 디자인이 어떻게 보이는가에 대한 외관, 셋째, 어떤 점이 새로운 것인가에 대한 혁신성, 넷째, 소비자가 어떠한 방식으로 작동하고 사용할 수 있는가에 대한 친숙한 사용자 경험, 다섯째, 윤리적이고도 환경적인 책임과 관련된 죄책감이다.'[07]

앞선 여러 정의와 조건에서도 볼 수 있듯이 굿디자인은 시각적 심미성에만 그치지 않는다. 그리고 굿디자인은 바로 소비자가 창조한다. 기

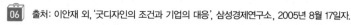 [06] 출처: 이안재 외, '굿디자인의 조건과 기업의 대응', 삼성경제연구소, 2005년 8월 17일자.

 [07] 출처: 앨리스 로손, 'What is Good Design?', 〈인터내셔널헤럴드트리뷴〉 2008년 6월 6일자.

업은 이 사실을 잊지 말고 굿비즈니스를 진행해야 할 것이다. 수익을 주지 못하는 디자인은 환영받지 못한다. 물론 경제적 고려를 떠나 디자이너의 예술적 감각과 창의력으로 성공한 사례도 있다. 하지만 이 역시 디자이너의 예술적 감각을 탁월한 비즈니스 감각으로 풀어냈기에 성공한 것이다. 순수미술 산업이 아니라면 예술만으로 승부할 수 없는 곳이 비즈니스의 냉혹한 현실이자 디자인경영의 현 주소다.

세계를
가로지르는
탁월한 디자인

코카콜라의 병, 나이키의 로고, 루이비통의 문양, 맥도날드의 M자 형상, 애플의 사과, BMW의 엠블렘 등은 굿디자인의 대표적인 사례들이다. 이처럼 특정 컬러나 이미지만으로 해당 브랜드와 제품들을 떠오르게하는 디자인들이 있다. 그중에서 시대를 관통할 만한 굿디자인 중 몇 가지를 소개해본다. 이들에겐 심미성, 경제성, 그리고 감성을 담은 스토리까지 녹아있다. 단지 소비자의 눈만 만족시키는 것이 아니라 오감을 만족시키며 기업에는 수익을 안겨주는 전 세계를 대표하는 디자인이다.

애플은 왜 사과를 한 입만 먹었을까?

"사람들은 보통 디자인을 겉포장쯤으로 여긴다. 하지만 이는 디자인의 진정한 의미와 거리가 멀다. 디자인은 인간이 만들어낸 창조물의 영혼이다." 이는 애플의 최고경영자인 스티브 잡스가 한 말이다. 기업 가치를 결정짓는 핵심 요소가 디자인이라는 뜻이기도 하다. 애플은 디자인 최우선주의 정신으로 World Best 자리에 올랐다. 독점적이었던 개인용 컴퓨터 시장에 IBM이 들어오면서 애플은 경영위기를 겪었는데 그때도 돌파구는 디자인이었다.

당시 애플의 디자이너였던 조너선 아이브 Jonathan Ive 는 컴퓨터 내부를 볼 수 있도록 투명한 플라스틱 케이스로 디자인하고, 다양한 캔디 컬러를 적용한 디자인으로 아이맥 iMac 을 선보였다. 애플은 인터페이스 interface 에서도 사용성과 디자인을 중요시했으며 기기의 소재나 형태에서도 기능성 이상으로 디자인에 초점을 맞추면서 수많은 마니아들을 거느린 컬트 브랜드가 되어 버렸다. IBM을 비롯한 수많은 경쟁자들 틈바구니에서 고유한 영역을 유지할 수 있었던 것도 그들만의 디자인 덕분이었다.

그림 6-5 iMac의 컬러풀한 케이스

애플은 사실 아이팟을 만들 수밖에 없었다. 매킨토시를 만들 때부터 '유저 인터페이스'를 강조해 왔기 때문이다. 덕분에 애플은 아이팟을 만들 수 있었다. 수십 년에 걸쳐 준비해온 애플의 디자인 결정체가 바로 아이팟이었다.

결국 애플은 유저 인터페이스 디자인으로 시장에서 절대강자가 되었다. 그래서 A/S 센터를 운영

그림 6-6 Mac mini

하지 않고 대신 무상교환 방식을 선택했다. A/S는 케이스를 해체 해야 하는데 이렇게 하면 아이팟 만의 고유한 디자인이 파괴될 것 이라 생각한 애플의 전략은 놀라 웠다.

1997년 국내 기업인 엠피맨닷 컴 구 새한정보시스템 이 세계 최초로 개 발한 MP3 플레이어는 레인콤이 아이리버를 출시하면서 국내 제

그림 6-7 아이팟 주요 제품

품이 세계시장점유율 1위를 차지했었다. 그러던 MP3 플레이어 시장에 서 후발주자였던 아이팟은 순식간에 세계시장을 잠식하여 강한 아성을 구축하기에 이르렀다. 애플의 애뉴얼리포트는 2008년 3월 29일 기준으 로 아이팟, 아이튠즈, 아이팟 액세서리 등 아이팟과 관련된 매출이 75억 400만 달러로 전체 매출의 40퍼센트 정도를 차지한다고 밝혔다. 이는 애플의 주력제품이던 아이맥과 맥북 등 매킨토시 관련 매출액 70억 4,600만 달러 보다 더 많다. 이제 애플의 주력 분야는 매킨토시가 아니라 아이팟이 다. 아이팟은 MP3 플레이어로 시작해서 디지털 음원시장까지 주도하며

디지털 음악 재생기기와 음원시장 모두에서 압도적인 점유율을 기록하고 있다.

디자인은 성능을 최대화하기 위한 외형

누구라도 가전제품을 쓰다가 어느 날 문득 '내가 만들면 좀 더 잘 만들 수 있을 텐데'라는 생각을 해본 경험이 있을 것이다. 제임스 다이슨 James Dyson 은 이러한 생각을 직접 실천으로 옮긴 사람이다. 다이슨의 창립자인 제임스 다이슨은 1947년 영국 출생으로 런던의 유명한 아트 스쿨인 왕립예술 대학에서 인테리어와 가구를 전공하고, 엔지니어링도 공부한 디자이너이자 발명가다. 대학을 졸업하고는 로토크라는 엔지니어링 회사에서 '씨트럭 sea truck'이라 불리는 수륙양용차를 비롯해 여러 제품을 개발했다. 1974년에는 다이슨볼의 전신인 공 모양의 바퀴에 물을 채워 작동하는 정원용 수레인 '볼배로우 Ballbarrow'를 발명해 1977년 빌딩 디자인 이노베이션 상을 수상하기도 했다.

어느 날 집에서 청소를 하던 다이슨은 청소기가 종이팩의 먼지로 인해 흡입력이 떨어진다는 사실을 알아내고 먼지봉투가 없는 청소기에 대한 아이디어를 구상했다. 그리고 1979~1984년까지 5년에 걸쳐 무려 5,127개의 시제품을 제작한 끝에 먼지봉투가 필요 없는 듀얼 싸이클론 청소기를 개발했다. 이 과정에서 그는 청소기와 관련된 발명을 175개나 했으며 이후 상업용 제품으로 만들 수 있는 회사를 찾던 중 일본 회사와 함께 '지포스 G-Force'라는 청소기를 출시했다. 한 대에 2,000달러라는 결코 적지 않은 가격에도 불구하고 지포스는 최고 히트상품으로 선정되어 일본에 돌풍을 일으켰다.

일본에서의 성공을 기반으로 다이슨은 자신의 이름을 내건 브랜드를 만들기로 결심했다. 그래서 1993년 영국 자택 근처에 연구센터를 설립하고 담배 연기 같은 미세입자까지도 배출하지 않는 청소기를 연구하기 시작했다. 이렇게 해서 흡입력이 떨어지지 않는 청소기인 다이슨 DC1이 탄생했다. 다이슨이란 이름을 달고 처음 나온 DC1은 18개월 만에 영국에서 가장 많이 팔린 청소기라는 기록을 세웠다. 그래서 유럽에서는 청소기를 구입했다는 말 대신 "다이슨 샀다"라는 표현을 사용한다.

다이슨은 흡입력이 좋은 청소기로 유명한데 기존 진공청소기와는 다른 차별점 덕분에 업계 최고가 될 수 있었다. 기존 청소기들이 먼지를 얼마나 잘 빨아들이냐에 초점을 맞추었다면 다이슨은 먼지를 포함한 공기 그 자체의 정화를 기본으로 삼았다. 미세 먼지까지 걸러주는 공기 청정기가 바로 다이슨이다. 미세 먼지로 인한 알레르기나 아토피 때문에 고생하는 사람들에게 다이슨은 최고의 선택이다. 실제로 다이슨의 전 제품은 미국, 영국, 호주의 알러지 및 천식 협회의 인증을 받았다. 일회용 먼지봉투를 사용하지 않고 물로 씻기만 해도 문제없는 다이슨 때문에 다른 청소기들도 싸이클론 방식을 채택하지

그림 6-8 | 다이슨 청소기

만 원조를 따라올 수는 없다.

다이슨은 또한 디자인으로 유명하다. 다이슨의 청소기는 심장이나 폐를 연상시키는 중추 부분으로 인해 약간은 그로테스크하면서 동물적인 느낌마저 준다. 레이저총 같기도 하고, 에이리언 같기도 하다. 1997년에 시장에 출시된 반투명 디자인의 청소기가 아이맥의 디자인에 영향을 주었다는 사실은 너무나 유명하다. '디자인은 기능성을 추구하는 것부터 시작한다'는 신념을 지닌 제임스 다이슨에게 디자인은 성능을 최대화하기 위한 또 다른 도구다. 그래서 다이슨의 제품 디자이너는 엔지니어로까지 불린다.

이처럼 디자인 혁신을 이룬 다이슨의 제품들은 런던과학박물관, 빅토리아앨버트뮤지엄, 디자인미술관, 메트로폴리탄예술박물관 등에 영구 전시되고 있으며 iF, 레드닷 같은 세계적인 디자인어워드에서 수많은 상을 수상했다. 특히 2002년 미국 시장에 진출했을 때는 진공청소기의 원조인 후버를 3년 만에 제쳐버려 〈타임〉은 40년 전 비틀스가 미국을 침공한 이후 처음으로 영국산 제품이 미국을 정복했다는 평을 싣기도 했다. 다이슨은 2008년 국내에도 출시되었으며 일반적인 청소기에 비해 가격이 3~4배 가까이 비싸지만 디자인과 기술력 때문에 잔잔한 인기를 얻고 있다.

세상에서 가장 편한 의자

수 년 전 허먼 밀러 Herman Miller 의 에어론체어 Aeron Chair 가 네이버 검색 순위 상위권에 올라온 적이 있었다. NHN이 전 직원에게 에어론체어를 제공했다는 사실이 화제가 된 것이다. 그냥 의자일 뿐인데 뭐 그리 대단하냐고 생각할 수도 있지만 가격을 알면 놀랄 것이다. 에어론체어는 국내 판매가로 개당 120만 원이 훌쩍 넘는 최고급 사무용 의자다.

무슨 의자가 그렇게 비싸냐고 할지 모르지만 비싼 데는 다 이유가 있는 법이다. 이 의자에 앉아본 사람들은 에어론체어야 말로 사람을 가장 많이 생각한 의자라고 입이 마르도록 칭찬한다. 한번 앉으면 모두가 감탄하기 때문에 사무용 의자계의 롤스로이스라 할 만하다. 특히 허리 디스크가 싹 나았다는 전설 같은 얘기가 나올 정도로 인체공학적인 의자가 바로 에어론체어다.

사무용 가구의 대명사이자 유니버설 디자인의 대표주자로 불리는 허먼 밀러는 미국에서 손꼽히는 가구 디자이너다. 1905년 가구업체인 미시간스타를 설립했으며 1930년대에 접어들면서부터 전통 가구에서 탈피해 모던한 디자인의 제품을 선보이기 시작했다. 특히 전설적인 가구 디자이너들인 찰스& 레이 임스Charles&Ray Eames, 조지 넬슨George Nelson, 이로 사리넨Eero Sarrinen 은 그의 오랜 파트너였다. 가정용 가구에서 사무용 가구로의 변신은 1인용 사무 작업대의 시발점이 된 L자형 책상에서 시작된다. 이어서 사무실 환경에 중요한 변화를 가져온 '액션오피스'를 통해 명실공히 사무용 가구의 대명사로 거듭났다. 사무용 가구계의 전설이라 일컬어지는 '액션오피스'는 전기 콘센트를 내장해 지저분한 전선들을 깔끔하게 정

그림 6-9 에어론체어

리했다.

1950년대부터 시작된 밀러의 혁신은 1994년에 등장한 에어론체어로 더욱 빛을 발했다. 에어론체어는 한마디로 의자가 사람에게 무엇을 해줘야 하는지를 정확하게 보여준다. 그리고 자연스럽게 허리를 받쳐주고 체중을 분산해 허리에 가해지는 부담을 덜어준다. 또한 당시로써는 획기적인 소재였던 쿠션 대신 공기가 통하는 맞춤 소재인 '메시 Mesh'를 사용했다. 에어론체어를 처음 보면 쿠션도 없는 이 의자가 과연 편안할까, 라는 의구심마저 생긴다. 그러나 메시는 통풍은 기본이요, 놀랄 만큼 푹신한 데다가 탄력적으로 몸을 감싸주기 때문에 작은 움직임에도 아주 민감하게 반응한다.

메시의 진가는 여름에 잘 나타난다. 더운 여름, 푹신하지만 공기가 통하지 않는 쿠션 때문에 의자가 답답하다고 느꼈다면 어떤 말인지 이해할 수 있다. 게다가 메시는 자세교정에도 도움을 준다.

에어론체어는 인체공학을 최대한 활용했기 때문에 시트의 높낮이, 팔걸이의 높이와 각도, 젖힘의 강도, 허리받침, 앞쪽 젖힘 장치 등을 세심하게 고려한 흔적을 여과없이 보여준다.

에어론체어를 탄생시킨 디자이너인 돈 채드윅 Don Chadwick은 "에어론체어는 단 한 개의 직선도 찾아볼 수 없다"고 했다. 밀러는 환경을 고려하는 기업으로도 유명한데 에어론체어 역시 재활용 알루미늄으로 만든 베이스와 프레임 등으로 이루어져 있기 때문에 95퍼센트라는 높은 재활용률을 자랑한다. 또한 많은 부분을 교체할 수 있기 때문에 오래 쓸 수 있다는 장점까지 갖췄다.

에어론체어는 체형과 몸무게에 따라 세 가지 사이즈로 나뉘어 있어서 자신의 체형에 맞게 골라 사용할 수 있으니 철저하게 '인간을 위한 의자'다. 허먼 밀러는 에어론체어를 개발하기 위해 유명한 인체공학자와 정형외과의사와 같은 전문가들의 의견을 반영했다고 한다. 특히 무릎 높이와 팔 길이를 계산하기 위해 200여 명의 샘플 집단을 대상으로 신장, 체중 등을 의자에 맞추기까지 했다.

귀여운 디자인과 마케팅으로 승부하다

미니 MINI 는 1959년 영국의 자동차 설계사인 알렉 이시고니스 Alec Issigonis 가 처음 선보였다. 이시고니스는 '작은 차체, 넓은 실내'라는 주제로 설계를 시작해 성인 4명과 수화물을 적재할 수 있는 디자인을 탄생시켰으며, 앞바퀴 굴림 방식과 직렬 엔진 등 당시의 신기술을 받아들였다.

미니는 초기에 유쾌한 디자인으로 유명인부터 일반인에게까지 사랑을 받았다. 1961년에는 레이싱카 설계사인 존 쿠퍼 John Cooper 가 미니 쿠퍼를 개발했으며, 미니는 몬테카를로 랠리에서 1964~1967년 동안 세 차례나 우승을 차지하며 모터 스포츠의 새로운 기준을 제시하기도 했다. 또한 패션 디자이너인 메리 퀀트 Mary Quant 는 미니의 독특한 스타일에 영감을 받아 당시로써는 매우 파격적이었던 미니스커트를 디자인했다.

이윽고 미니는 1960년대의 도래와 함께 개인적 성향이 강한 고객 취향과 어우러져 30여 년 동안 530만대를 판매했다. 이후 BMW 그룹은 영국의 로버에서 인수한 미니를 BMW, 롤스로이스와 함께 독립적인 프리미엄 브랜드로 재구성해 2001년 세계시장에 선보였다. 새로운 미니는

그림 6-10 BMW 미니

초대 미니의 개발 콘셉트인 '경제성'과 '차별화된 디자인'을 계승했으며 오리지널 모델에 비해 40센티미터나 실내공간을 넓혔다.

BMW 그룹의 기술력과 기존 미니의 감성적 특징이 조화된 2001년 버전의 미니는 전통적인 콘셉트를 미래 지향적 스타일로 발전시켰다는 평을 듣고 있다. 그 덕에 미니는 밀레니엄을 맞아 전 세계 130개국의 저널리스트가 뽑은 '세기의 유럽차'로 선정되었다.

미니의 스타일은 스포티, 다이내믹, 트렌디로 요약된다. 미니는 이제 경제적인 소형차라기보다 스포티하고 트렌디한 자기표현의 아이콘으로 포지셔닝을 바꾸었다. 따라서 발랄한 느낌의 컬러와 동글동글한 디자인을 갖춘 미니에게는 중후한 느낌의 고급 자동차와는 다른 마케팅 전략이 필수였다. 과거에는 자동차 구입이 부의 상징이었으나, 이제는 자신의 라이프스타일을 보여주는 한 단면이 되어버렸다.

미니의 주요 구매층은 30대 전문직 종사자를 비롯해 자동차의 기술적인 면보다는 감성적인 면과 브랜드 이미지 등을 더욱 고려하는 여성의 비율이 높다. 작지만 세련된 스타일이 여성 소비자를 유혹하는 주된 이유다. 따라서 미니는 프로모션이나 이벤트를 진행할 때도 감성적인 방법을 취한다. 크리스찬디올Christian Dior, 리바이스Levis, 모에샹동Moet Chandon, 펜디Fendi 와 같은 패션 브랜드와 공동 프로모션을 진행하는 것이다.

신차 발표회 역시 호텔이라는 기존 방식을 탈피해 트렌드 리더들이 많이 몰리는 클럽에서 파티 형식으로 개최한다. 이처럼 젊은 감각을 최대한 살리는 미니는 귀여운 디자인과 톡톡 튀는 마케팅으로 유명하다. 트렌디한 곳에서 파티를 열 뿐만 아니라 영화 〈이탈리안 잡The Italian Job〉을 자동차 극장에서 상영하는 등 차별화된 마케팅을 펼치고 있다.

2001년부터는 〈미니인터내셔널〉이라는 스타일 매거진도 발간하고 있다. 6개 국어로 연간 4회 발행되며 70여 개국에 배포되는 〈미니인터내셔널〉은 서울, 뉴욕, 부에노스아이레스 등 매호마다 특정 도시를 테마로 하여 콘텐츠를 기획하는데, 재미없는 홍보용 잡지가 아니라 제대로 만든 잡지다. 아울러 베르사체Versace, 미소니Missoni 같은 유명 브랜드와도 콜라보레이션을 진행했고, 이탈리아의 가전 브랜드인 스매그Smeg 와 손잡고 미니를 빼닮은 냉장고를 선보이기도 했으며, 2006년 월드컵 당시에는 바퀴가 달린 '미니 호텔 인터내셔널' 프로젝트를 진행해 호응을 얻기도 했다.

디자인은
예술이
아니다

디자인은 예술이 아니다. 디자인은 경제다. 디자인을 예술과 문화로 바라볼 수도 있지만 그렇게 바라보면 디자인의 경제적 가치를 제대로 이해할 수 없다. 예술은 아티스트의 독창적인 창조 작업이지만 디자인은 기업의 생산 작업이다. 그러므로 디자인을 예술적 가치로만 바라보면 심미성에 의존할 수밖에 없다.

19세기 후반 영국에서 같은 모양의 제품을 대량 생산하기 위해 '형태 제작' 개념에서 출발한 디자인은 역사의 흐름과 함께 산업적 진화를 거듭해왔으며 이제는 경제적 진화로 이어지고 있다.

그림 6-11 디자인 투자비용 회수 개념 도식화

디자인이 기업의 성패를 가늠하고, 시장을 쟁탈하며, 매출을 확대시키는 사례는 무수히 많다. 1927년 포드 Ford 사는 알프레드 슬론 Alfred Sloan 회장이 주도한 GM의 전략에 굴복해 생산을 중단했던 적이 있다. 포드 사는 소비자와 시장의 요구를 무시한 반면 GM은 이를 적극 반영토록 노력했던 것이다. 당시 GM은 브랜드와 디자인의 다양화뿐 아니라 매년 모델을 변경한다는 전략을 세웠다. 현재는 상식적인 일이지만 당시 포드 사에게는 치명적인 손실을, GM에게는 막대한 수익을 불러온 전략이 바로 알프레드 슬론 회장의 전략이었다.

디자인 개선으로 매출이 확대된 국내 기업의 사례도 살펴볼 수 있다. 우선 삼성전자의 보르도 TV다. 와인 잔을 형상화한 삼성전자의 '보르도 TV'는 와인 잔의 부드러운 선과 고상한 분위기를 차용한 디자인으로 호평을 받았다. 화질만 신경 쓴 것이 아니라 TV가 놓여 있는 공간과 화면을 껐을 때 주위 분위기와의 조화까지 고려한 것이다.

유럽과 미국에서 선풍적인 인기를 모은 보르도 TV는 출시 1년 만에 전세계적으로 500만 대 이상이 팔리는 베스트셀러가 되었다. 덕분에 삼성 전자는 TV 사업을 시작한 지 34년 만에 처음으로 LCD TV 판매 세계 1위에 올랐다.

디자인 개선으로 커다란 수익을 올린 또 다른 사례는 엔유씨 NUC 전자의 가정용 요구르트/청국장 제조기에서도 찾을 수 있다. 디자인이 별로였던 이 제품은 시장에서의 반응도 별로였다. 하지만 엔유씨전자는 디자인 혁신을 이뤄내어 15개월 동안 매출이 12.8억 원에서 161.2억 원으로 1,257퍼센트나 증가했고, 2005년도 한국디자인진흥원의 디자인경영 우수 사례로 선정되기도 했다.

산업자원부가 2005~2007년까지 디자인 기술 사업에 참여한 923개 기업 중 조사에 응답한 650개 기업에 대한 성과분석 결과에 따르면 디자인 기술 개발사업을 통해 업체당 평균 매출액은 58.1퍼센트, 수출액은 89.4퍼센트 정도 증가한 것으로 나타났다. 특히 디자인 투자는 기업의 성장과 경쟁력 제고에 크게 기여하고 있는 것으로 분석되었다. 디자인 투자는 업체당 평균 3,400만 원으로, 디자인 투자액 대비 매출은 약 26배, 수출은 16.3배의 효과가 있는 것으로 분석되었다. 고용측면에서도 디자인 개선으로 인한 매출확대 등의 영향으로 디자인 개발 직전 업체당 평균 44.7명의 고용이 디자인 개발 이후 59.2명으로 증가해 업체당 8.2명의 신규 고용창출 효과를 보였다.[08]

디자인을 버리는 것이 디자인을 얻는 것이다

모두가 디자인에 열광하고 집중하는 디자인 인플레이션 때는 디자인하지 않는 것이 오히려 더 차별성을 가질 지도 모른다. 'No Brand'를 주창했듯이 'No Design'을 주창하는 것이다. 디자인은 더 화려하고, 더 돋보이게 하는 데 집중하지만 디자인 수준이 높아지고, 보편화되면 오히려 담백한 디자인에 대한 선호가 높아질 것이다. 최고의 맛은 무미無味이듯 디자인도 버릴 수 있을 때 버려야 한다. 그래야만 미니멀리즘이라는 새

 출처: 산업지원부 보도자료, '디자인 개선이 매출 수출 고용 증가에 크게 기여', 〈연합뉴스〉 2008년 1월 22일자.

로운 디자인적 가치를 발견할 수 있다.

　디자인 진화는 디자인을 제품에서 도드라지게 하는 것이 아니라 조화되고, 흡수되도록 하는 것이다. 디자인이 드러나지 않는 디자인, 즉 디자인과 제품 자체와의 조화가 완성되어야만 최고의 디자인이라 할 수 있다. 관건은 디자인을 버리는 것이다. 버려야 얻는다. 디자인을 버린다고 해서 디자인을 하지 않는다는 의미가 아니라 눈에 보이는 디자인의 비중을 줄여야 한다는 말이다. 눈에 보이는 것만 디자인이라 여기는 고정관념부터 버리고 뭔가 더 덧칠하고, 화려하게 포장하려는 디자인 맹목주의도 버려야 한다.

눈이 아닌 귀로
디자인을
판단하라

　지금부터는 스토리가 담긴 브랜드와 디자인 사례를 몇 가지 살펴보고자 한다. 이는 스토리가 디자인의 가치와 브랜드의 가치, 아울러 제품의 가치를 높여줄 수 있다는 사실을 보여주는 새로운 경험이다.

전쟁에서 병사의 생명을 구한 스토리

쩽, 하는 짧고 경쾌한 금속 소리를 내는 지포 라이터로 멋지게 담뱃불을 붙이는 남자. 이는 지포 하면 생각나는 대표적인 이미지다. 애연가가 아니어도 3.5×5.5센티미터 사이즈의 작은 금속제 라이터에서 확 끼치는 석유 냄새는 충분히 사랑할 만하다. 남성적 이미지의 대표 아이콘인 지포ᶻᴵᴾᴾᴼ는 대중문화에서도 그 이미지가 멋지게 차용되고 있기 때문에 지금도 테스토스테론이 넘치는 젊은 남자들은 어떻게 하면 지포 뚜껑을 멋드러지게 열 수 있는지를 연구하느라 바쁘다.

1932년 조지 블레이스델ᴳᵉᵒʳᵍᵉ ᴳ. ᴮˡᵃⁱˢᵈᵉˡˡ은 우연히 친구가 쓰던 투박한 1달러짜리 오스트리아제 방풍 라이터를 보고 지포 라이터를 고안했다. 바람이 불어도 불이 잘 붙었던 오스트리아제 방풍 라이터는 지금의 지포처럼 오일 방식의 심지와 부싯돌, 그리고 휠을 이용한 점화 방식을 채택하고 있었지만 크기도 컸고 뚜껑이 상하 분리형이라 뚜껑을 잃어버릴 위험이 있어 불편했다. 블레이스델은 방풍 라이터의 단점을 개량해 손에 잘 쥘 수 있도록 3.5×5.5센티미터의 아담한 직사각형 사이즈로 크기를 줄였고, 뚜껑 부분에는 경첩을 달아 상부와 하부를 연결해 오늘날 지포의 원형을 만들어냈다.

지포가 등장한 1930년대에는 세계를 뒤흔들 만한 발명품이 등장했으니, 바로 지퍼ᶻⁱᵖᵖᵉʳ였다. 블레이스델은 자신이 만든 라이터가 지퍼에 필적하는 제품이라는 자신감 때문에 발음이 비슷한 지포라는 이름을 붙였다. 지포가 명품 반열에 오를 수 있었던 이유 중 하나는 품질도 품질이지만 '평생보증제도'를 꼽을 수 있다. 이는 본인의 부주의로 인해 고장이

나도 아무런 대가 없이 수리가 가
능하며, 수리가 불가능할 정도로
엉망이 된 경우에는 새로운 제품
으로 교환해주어 파손품은 박물
관에 전시하는 근사한 제도다.

지포가 베트남 전에서 병사의
생명을 구한 이야기는 너무나 유
명하다. 미 육군의 안드레즈 중사

그림 6-12 지포라이터 기본모델

는 교전 중 총에 맞아 가슴을 움켜

쥐고 쓰러졌으나, 윗옷 주머니에 넣어둔 지포가 총알을 막아 생명을 구할
수 있었다. 이 얘기는 〈라이프〉지에 실려 유명해졌으며, 더욱 놀라운 것은
총을 맞고 찌그러진 지포가 여전히 작동되었다는 점이다. 지포라는 브랜
드에 신화가 더해지는 순간이었다.

이처럼 지포의 명성은 전쟁을 통해 널리 알려졌다. 1942년 제2차 세
계대전 중 지포는 일반 소비자 판매를 중단하고 미군 납품에 주력했다.
전쟁으로 인한 금속 물자 부족 때문이었는데 그 덕에 제2차 세계대전,
한국전쟁, 베트남 전에서 쓰러져간 병사의 가슴에는 손때가 묻어 반질반
질해진 지포가 들어 있었다. 전쟁이라는 극한 상황에서 죽음에 대한 공
포를 없애기 위해 담배는 필수품이었기 때문이다.

전쟁터에서 지포는 다양한 용도로 사용되었는데 잘 꺼지지 않는 불꽃
덕에 어둠을 밝히기도 했으며, 금속 케이스는 거울 대용으로, 심지어 야
전 식량을 데워 먹는 용도로도 이용되었다. 고장난 비행기의 계기판을

지포로 비춰가며 무사 비행에 성공할 수 있었던 비행사의 얘기, 화염을 방사하다, 라는 의미로 쓰인 'to zippo'라는 동사의 탄생 등 지포와 얽힌 무용담은 끝이 없다. 병사들의 열렬한 충성도로 인해 '지포 신드롬'이라는 표현도 등장했는데 전쟁에서 지포는 일종의 문화현상이었다.

전쟁을 통해 강한 남성적 이미지를 얻은 지포는 전쟁이 끝난 1970년대부터는 영화와 스포츠를 통해 특유의 이미지를 부각시켜나가기 시작했다. 지포의 웹사이트 www.zippo.com 에는 험프리 보가트 Humphrey Bogart 가 트렌치코트 깃을 세우며 멋지게 담배를 피워 물던 장면이 등장하는 〈카사블랑카 Casablanca〉부터 첫 장면과 마지막 장면에 지포가 등장하는 〈유주얼 서스펙트 The Usual Suspects〉까지 흡연 장면에서는 어김없이 지포가 등장했던 영화의 목록이 A부터 Z까지 빼곡하게 적혀 있다. 그리고 지포는 플레이보이 Playboy 와 할리데이비슨 Harley Davidson 처럼 지포와도 잘 어울리는 브랜드와의 협력을 통해 시너지 효과를 극대화시켰다. 남성적인 이들 브랜드와의 만남이 두 브랜드 마니아들을 흥분시켰음은 물론이다.

지포는 1960년에 1억 개 생산을 돌파했으며, 2006년에는 4억 2,500만 개를 생산했다. 그리고 지난 75년간 새로운 지포가 생산되면서 그속에 담긴 역사와 의미 역시 함께 깊어갔다. 시대를 아우르는 문화적, 사회적 정서를 내포한 다양한 지포는 수많은 마니아와 수집가들을 양산했으며 그들이 서로의 지포를 교환하는 미팅을 자발적으로 열 만큼 사랑 받고 있다. 하나 하나의 지포에서 추억과 의미를 찾는 수집가들로 인해 지포는 단순히 불을 붙이는 라이터 이상의 그 무엇으로, 개인의 역사를 써내려 가는 현재 진행형의 일상품으로 자리 잡았다.

블루박스에 담긴 보석의 로망

오드리 햅번Audrey Hepburn 으로 얘기를 시작하는 것이 이젠 살짝 지겹지 만 티파니의 이미지는 역시 햅번 그 자체다. 번화한 뉴욕의 새벽 거리에 노란 택시가 한 대 멈춰서고, 밤새 파티를 즐긴 햅번이 내린다. 지방시 Givenchy 의 검정 이브닝 드레스를 맵시나게 입고 커다란 선글라스를 쓴 그 녀는 양손에 빵과 커피를 들고 쇼윈도를 하염없이 바라본다. 그곳은 뉴 욕의 고급 상점들이 밀집한 지역인 5번가에 있는 티파니 쇼윈도 앞이다.

오드리 햅번에게 티파니는 행복과 부의 상징이었다. 1940년대 뉴욕을 배경으로 신분 상승을 꿈꾸는 그녀가 진정한 사랑을 찾아간다는 줄거리 를 지닌 트루먼 카포티Truman Capote 의 소설을 원작으로 하는 영화인 〈티파 니에서 아침을Breakfast at Tiffany's〉 덕분에 티파니는 전 세계 여성들의 로망 으로 거듭났다.

최고급 다이아몬드는 티파니의 상징이지만 비교적 저렴한 은으 로 만든 작은 액세서리나 테이블 웨어, 팬시 문구도 티파니의 판매 목록에 올라와 있다. 많이 알려지 진 않았지만 티파니는 현재 1달 러 지폐와 미국 정부의 공식 인 장, 전쟁 영웅에게 수여되는 훈 장, NFL National Football League 의 우승 트로피와 반지도 만들었다.

그림 6-13 영화 〈티파니에서의 아침을〉 중에서

하지만 티파니는 처음부터 전문 보석 상점으로 출발한 것은 아니었다. 1837년 찰스 루이스 티파니 ^{Charles Lewis Tiffany} 와 존 영 ^{John Young} 이라는 두 사람이 뉴욕에서 '티파니&영'이란 이름의 문구 · 팬시 상점을 열었던 것이 시작이었다. 얼마 뒤 모든 지분을 인수한 티파니는 지금과 같은 '티파니&co'로 이름을 바꿨다.

남북전쟁 중에는 군수용품 제조에도 참여했던 티파니는 전쟁이 끝난 뒤 '풍요의 시대'에 걸맞는 독특한 디자인의 정교한 보석을 선보이며 미국 상류층에 큰 인기를 끌었다. 최고의 품질을 중요시했기 때문에 미국 회사로는 최초로 은 순도 92.5퍼센트의 규격 ^{92.5%는 당시 영국 은화의 표준} 을 채택한 고급 보석을 선보였다. 1878년 파리 국제디자인박람회에서 금메달을 수상한 계기로 세계적인 보석 브랜드로 발돋움한 티파니는 유럽에 진출해 왕족들의 보석을 세공하게 된다. 시대의 흐름과 예술 사조에도 민감해 1900년대 초반을 휩쓸었던 '아르누보'의 흐름에 아주 적극적으로 참여, 미국적인 스타일의 아름다운 걸작 보석들을 내놓기도 했다.

티파니는 다이아몬드 반지 그 자체이며 다이아몬드 반지하면 티파니다. 다이아몬드 세공 기술은 티파니의 강력한 무기다. 크기

그림 6-14 티파니의 블루박스와 '티파니 세팅' 링

보다 빛나는 광채를 더 중요시하며 21단계의 엄격한 연마 과정을 거쳐 완성되는 티파니의 반지는 섬세한 커팅과 아름다운 세팅으로 다이아몬드의 절정이라 평가받는다.

특히 1886년에 선보인 '티파니 세팅' 링^{일명 웨딩 링}은 세계 최초로 다이아몬드를 밴드에서 분리시킨 제품으로 여섯 개의 백금 다리가 다이아몬드를 떠받들어 광채를 극대화한 아주 혁신적인 디자인이었다. 1980년대 후반에는 많은 양의 프랑스 왕실 보석을 사들여 '다이아몬드의 왕'이란 별명까지 얻었는데, 1887년 프랑스 왕관 보석 판매 경매에서 으제니 왕후의 다이아몬드 브로치까지 사들였다.

티파니는 1956년 가장 화려하고 섬세한 디자인을 선보인 전설적인 디자이너인 잔 슐럼버제^{Jean Schumber, 〈티파니에서 아침을〉에서 오드리 햅번이 걸고 나온 매혹적인 목걸이를 디자인했다}를 기용하면서 독창성의 빛을 더욱 발하기 시작했다. 그 외에도 오픈 하트 컬렉션으로 유명한 엘사 퍼레티^{Elsa Peretti}, 대담한 디자인을 선보인 팔로마 피카소^{Paloma Picasso}, 건축가인 프랭크 게리^{Frank Gehry} 등 티파니를 빛낸 디자이너의 명단 역시 화려하다.

유명인이 사랑한 티파니의 아이템은 더욱 화려하다. 영화배우인 그레이스 켈리^{Grace Kelly}가 모나코 왕자인 레이니에 3세^{Rainier III}와 올린 세기의 결혼식에서 선보인 티아라^{Tiara}, 재클린 케네디^{Jacqueline Kennedy}가 애용하던 일명 재키 팔찌, 리처드 버튼^{Richard Burton}이 엘리자베스 테일러^{Elizabeth Taylor}에게 선물한 브로치 등 티파니의 스토리는 무궁무진하다.

화려한 소문이 아름답게 빛나다

스와로브스키 Swarovski 의 역사는 지금으로부터 110여 년 전인 1895년까지 거슬러 올라간다. 현재 체코에 속해 있는 보헤미안 지방은 본래 유리 제조와 커팅 기술이 유명한 곳이었고, 유리 커팅 기술자의 아들이었던 대니얼 스와로브스키 Daniel Swarovski 1세는 크리스털을 대량 생산할 수 있는 크리스털 주얼리 커팅 및 광택용 기계를 발명했다. 그리고 이 기술을 보호하기 위해 오스트리아 티롤 Tirol 로 이주해 크리스털 공장을 세운 뒤 자신의 이름을 딴 스와로브스키를 시작했다.

본래 스와로브스키의 상징은 에델바이스 Edelweiss 였으나, 1988년에 지금의 우아한 백조로 바뀌었다. 전 세계 크리스털 시장의 80퍼센트 이상을 점유하고 있는 스와로브스키의 제조 비법은 아직도 철저히 비밀에 붙여져 있다. 비밀의 비법은 4, 5대째 이어오고 있는 가족 중심의 경영을 통해 가족에게만 극비리에 전수되고 있다.

크리스털의 아름다움을 과시하기 위해서는 화려한 이벤트 역시 필수다. 2006년에는 세계적인 디자이너인 토드 분체 Tord Boontje 와 함께 모든 것이 크리스털로 만들어진 겨울산의 풍경인 '윈터 원더랜드 Winter Wonderland'를 제작해 경탄을 자아내기도 했으며, 2004년 이래로 뉴욕 록펠러 센터 Rockefeller Center 의 유명한 크리스마스 트리 맨꼭대기에 달리는 거대한 크리스털 별도 제공하고 있다. 모차르트 탄생 250주년이었던 작년에는 3만 5,000개의 크리스털로 '잘츠부르크의 모차르트 하우스'에 거대한 장치를 설치하기도 했다. 창립 100주년을 기념해 1995년 티롤에 세운 스와로브스키 크리스털 월드는 현재 오스트리아의 제2의 관광명소로 자

리매김했으며, 그 탄생 비화는 이벤트 마케팅 관련 서적에서 하나의 동화처럼 다뤄지고 있다.

크리스털의 화려함과 아름다움을 가장 잘 보여줄 수 있는 것은 무엇일까? 호사스러움의 극치인 샹들리에는 스와로브스키만의 광택을 잘 보여주는 분야다. 메트로폴리탄 오페라하우스Opera House, 카네기홀Carnegie Hall, 베르사유 궁전Chateau de Versailles, 사우디아라비아 왕궁, 크렘린Kremlin 궁 등 역사에 남을 정도로 화려한 샹들리에가 바로 스와로브스키의 제품이다. 세계에서 가장 큰 샹들리에는 60만 개 이상의 크리스털로 장식되어 오만의 술탄 퀴브스 그랜드 모스쿠에 걸려 있다. 샹들리에 브랜드인 스트라

그림 6-16 토드 분체가 디자인한 크리스탈 월드 갤러리

스 스와로브스키 크리스털은 이탈리아의 가구 브랜드인 에드라 Edra 와 협력해 온통 크리스털로 뒤덮인 다이아몬드 컬렉션 소파를 선보이기도 했으며 론 아라드 Ron Arad , 잉고 마우러 Ingo Maurer 등과 함께 전위적인 디자인의 샹들리에를 내놓으며 주목받기도 했다. 초기부터 시작된 패션 디자이너와의 파트너십 역시 빼놓을 수 없다. 샤넬, 크리스찬디올, 이브생로랑 Yves Saint Laurent , 베르사체, 아르마니, 구찌, 비비안웨스트우드 Vivienne Westwood 그리고 구두 디자이너인 지미 추 Jimmy Choo 까지 이들은 패션의 완성을 위해 빠질 수 없는 스와로브스키의 파트너였다.

스와로브스키는 최근 영화 산업과의 긴밀한 파트너십에 다시 주력하고 있는데 할리우드와 크리스털은 일맥상통하는 점이 있기 때문이다. 릴리 마를렌 Lili Marleen 을 매력적인 목소리로 부르던 마를린 디트리히 Marlene Dietrich 부터 마돈나 Madonna 까지 스타들은 스포트라이트를 받기 위해 스와로브스키로 자신의 몸을 감싸고 대중을 만났다. 스와로브스키 컬렉션은 아카데미 시상식, 칸 영화제 등 주요 시상식에서 제2의 주인공이 되었다.

〈물랭루즈 Moulin Rouge〉에서 니콜 키드먼 Nicole Kidman 은 스파클링 다이아몬드로 알려진 새틴^{Satine} 으로 장식한 의상을 입고 나와 쇼를 더욱 화려하게 만들었다. 영화 〈오페라의 유령 The Phantom of the Opera〉에서 중요한 메타포인 화려한 샹들리에 역시 유령도 깜짝 놀랄 만큼 화려하게 치장되었으며, 〈드림걸즈 Dreamgirls〉에서 비욘세 Beyonce 가 입고 나온 크리스털 의상과 커튼 역시 화려함의 극치를 자랑한다.

스와로브스키하면 이처럼 주로 반짝이는 주얼리, 샹들리에에만을 떠올리기 쉽지만 생각보다 더 많은 분야에서 만날 수 있다. 국내에서도 LG전자의 아트디오스 Art DIOS 를 비롯해 싸이언 CYON , 필립스 Philips 와 손잡고 만든 이어폰, USB 등에서도 스와로브스키를 만날 수 있다. 신세계백화점 본관에 있는 샹들리에도 스와로브스키로 장식되어 엄청나게 호사스러운 빛을 뿜어내고 있는 중이다.

승자의 이유 :
경험가치
디자인

가와사키 Kawasaki 는 왜 할리데이비슨을 이기지 못할까? 사실 가와사키의 기술력은 세계 최고라고 해도 과언이 아니다. 세계적인 모터사이클대

회에서도 가와사키는 우승을 놓치지 않는 오토바이로 유명하다. 그럼에도 불구하고 가와사키는 절대 할리데이비슨을 이기지 못한다. 야마하 Yamaha, 가와사키와 같은 오토바이가 할리데이비슨을 이기지 못하는 이유가 결코 기술력 때문은 아니다. 할리데이비슨이 가지고 있는 경험가치와 아우라를 가와사키는 능가하지 못하기 때문이다. 결국 디자인에서 모든 것이 판가름났다.

경험가치가 세상을 지배한다

코니카 konica 는 오토포커스 auto focus 기능이 되는 카메라를 세계 최초로 개발했다. 하지만 오토포커스를 이야기할 때 코니카를 떠올리는 사람은 별로 없다. 너무나도 혁신적인 기능이지만 코니카는 기술만 강조했을 뿐 경험가치를 배제했기 때문에 소비자의 기억에서 사라졌다. 기술이 아무리 뛰어나도 디자인을 소홀히 하면 결코 성공할 수 없다.

그렇다면 워크맨 walkman 은 어떤가? 소니는 워크맨을 세계 최초로 만들었다. 이 사실은 코니카와 다를 바 없다. 하지만 소니는 경험가치를 알고 있었기 때문에 제품명을 제품군의 대명사로 만들었다. 세상 누구라도 워크맨하면 소니를 떠올리는 것은 바로 이 때문이다.

사실 오토포커스와 워크맨을 기술로만 따진다면 당연히 오토포커스가 앞선다. 테이프는 정보 손상의 위험이 있기 때문에 오늘날에는 사용하지 않지만 오토포커스는 여전히 모든 카메라에 탑재되어 있다. 하지만 코니카는 소비자들에게 기억되지 못하고 잊혀졌다.

경험가치를 잘 알고 있었던 소니도 실수한 분야가 있다. 비디오 표준

전쟁이라 일컬어졌던 베타 방식과 VHS 방식의 대결에서 소니는 JVC에 졌던 것이다. 소니의 베타 방식이 기술적으로 더 우위에 있었지만 JVC의 VHS 방식에 밀렸던 이유는 기술 문제가 아니라 경험가치 디자인 때문이었다. 베타 방식에 비해 VHS 방식은 테이프의 움직임이 간단하고 기록 시간이 길다는 장점이 있다. 영화 한 편을 무리없이 담아내고, 저렴한 가격, 손쉬운 작동법이라는 경험가치가 소비자를 사로잡았던 것이다.

오늘날 기업들은 디자인을 하나의 기회로 보고 투자한다. 그러므로 기업은 소비자의 사용성과 경험가치에 중점을 두고 디자인해야 하며, 제품이 갖는 스토리라는 감성가치도 고려해야 한다. 눈을 만족시키는 디자인이 아닌 경험과 감성을 충족시키는 디자인이 21세기 기업들에게 필요하다. 결국 디자인은 기업에게 가장 중요한 세일즈맨이다.

돈 되는 디자인은 인간적이다

제품에 물성物性이 아닌 인성人性을 부여한다고 하면 사람들은 비웃을지도 모른다. 하지만 소비자는 사랑하는 제품에 하나의 인격을 부여해 말도 걸고, 애정도 쏟는다. 그만큼 사랑하기 때문이다. 그러니 기업은 사랑을 부여할 수 있는 제품을 만들고자 열과 성을 다한다. 그중 디자인은 제품에 인성을 부여하는 힘이다. 그래서 디자인이 브랜드와 만나면 더욱더 강한 인성을 부여받기 때문에 교감하는 기회는 늘어난다. 제품과 교감하는 디자인은 소비자의 적극적인 사랑을 받는 제품을 만들어낸다.

남자들이 자동차에 쏟는 애정을 한번 살펴보자. 장시간 운전하거나 거친 길을 달리고 나면 '녀석, 힘들었지? 오늘 수고했어'라며 자신의 차를 다독이는 사람들이 종종 있다. 특히 해외 출장 후 공항주차장에서 리모콘을 눌렀을 때 자신의 차가 '삐삑' 하며 전조등을 깜박이면 '역시 너밖에 없구나'라며 즐거워하는 사람들도 있다.

하지만 제품에 인성을 부여하는 기회는 명차의 경우 더욱 빈번하다. 가령 BMW의 엠블럼이나 키드니 그릴은 BMW를 더욱 BMW답게 만든다. 디자인을 통해 자신도 신분상승과 함께 자아성취라는 경험가치 및 감성가치를 느낀다. 결국 BMW를 탄다는 것은 자동차를 타는 것이 아니라 디자인을 타는 것이다.

친환경 디자인이 대세다

환경과 관련된 문제들로 오늘날 지구는 어느 때보다 뜨겁다. 특히 노벨평화상을 수상한 앨 고어^{Al Gore} 전미 부통령은 전 세계를 돌며 지구온난화를 경고하고, 〈불편한 진실^{An Inconvenient Truth}〉이라는 영화를 통해 환경을 외면하고 살아온 우리를 불편하게 하고 있다. 이렇듯 환경 문제가 전 지구적 이슈로 떠오르자 이에 부합하는 제품들이 쏟아져 나오고 있다.

그러나 기존 환경 제품들은 친환경이라는 주제에는 부합했을지 모르지만 디자인은 아쉬웠다. 그렇지만 이제는 달라졌다. 대표적인 예로 '에코백 eco bag'을 들 수 있다. 세계적인 트렌드로 자리잡은 에코백은 환경과 패션이 결합한 최고의 히트 아이템으로 지금까지 트렌드 세터들에게 사랑받고 있다.

환경을 생각한다면 먹거리도 빼놓을 수 없다. 하지만 먹거리와 디자인이 무슨 상관이냐고 할 수

그림 6-17 | 로컬리버

있다. 그렇지만 최근 유럽에서 선풍적인 인기를 끌고 있는 로컬 푸드 운동을 들여다보면 그 해법을 찾을 수 있다. 프랑스의 디자이너인 마티외 르아뇌르 Mathieu Lehanneur 가 디자인한 '로컬리버 local river'는 로컬 푸드 운동에 동참하고자 한 디자이너의 기발한 아이디어가 돋보인 작품이다. 직접 채소를 길러 먹을 수 있도록 어항과 화분을 접목했던 것이다.

그렇다면 왜 어항과 화분의 결합인가? 어항에 살고 있는 물고기의 배설물로 채소는 성장에 필요한 질산염을 공급받고, 채소는 이 영양분을 섭취하는 과정에서 다시 어항의 물을 정화해준다. 일종의 자정작용이 시스템화된 것인데 시각적으로도 로컬리버는 아름답기 때문에 인테리어

역할을 톡톡히 해내며 습도 유지에도 도움을 준다. 산소를 공급하는 레스토랑도 있다. 파리에 오픈한 캐주얼 레스토랑인 플러드는 식당 한가운데에 미세조류 탱크를 설치해 인기를 끌고 있다. 이는 제품을 생각하고, 디자인을 생각하고, 환경을 생각한 디자이너의 창조적이자 혁신적인 작품이다.

스페인의 슈즈 브랜드인 캠퍼Camper 는 실용적이면서, 편안한데다, 친환경 제품으로 유명하다. 그래서 이 브랜드는 수많은 마니아를 거느리고 있다. 보통 신발은 60여 가지의 부품으로 만들어지는 데 반해 캠퍼는 최소한의 부품만 사용했으며 100퍼센트 재활용까지 가능하도록 디자인됐다. 캠퍼 제품은 높은 굽이 있어도 뛰어다닐 수 있을 만큼 편하다.

친환경하면 재생 PVC를 이용해 슈즈를 디자인하는 브라질의 멜리사 Melissa 도 빼놓을 수 없다. 플라스틱 주입 방식으로 신발을 제작해 이음매 없이 매끈한 형태를 자랑하는데 최근 영국이 낳은 세계적인 건축가인 자하 하디드Zaha Hadid 가 디자인한 슈즈는 정말 끝내준다. 그런가 하면 영국의 도너츠

브랜드인 크리스피크림 Krispy Kreme 이 여름용 사은품으로 선보인 재미난 플립플롭 flipflop, 일명 쪼리 도 대표적인 친환경 제품이다. 일명 잔디를 밟고 다니는 샌들인데 고무바닥 위에 진짜 잔디를 심었다. 3주 정도 잔디를 키우면 신고 다닐 수 있다는 발상도 재미있는데 물만 잘 주면 4개월까지도 신을 수 있다. 이처럼 환경을 생각하는 제품들은 디자인과 결합해 독특한 아우라를 만들어낸다.

쓰레기 더미에서 건진 보석 같은 가방

버려진 트럭 방수천, 자전거 튜브, 자동차 안전벨트 등과 같은 폐기물들을 어디서 쓸까 싶지만 알 만한 사람은 다 아는 가방 브랜드인 프라이탁 Freitag 은 바로 이런 쓰레기에서 탄생했다. 지구를 살리는 재활용 브랜드의 대표 주자인 프라이탁은 우연한 아이디어에서 시작됐다. 1993년 스위스 출신인 마르쿠스&대니얼 프라이탁 Markus & Daniel Freitag 형제는 방수가 잘 되는 커다란 가방을 만들고 싶었다.

그러던 중 아파트 앞을 지나던 트럭의 덮개천을 발견하고는 외쳤다. "그래, 바로 저거야. 트럭 덮개천으로 만들면 방수도 잘 되는 독특한 디자인이 나오겠지?" 재기발랄하고 적극적인 두 형제는 곧바로 공장으로 달려가 거대

그림 6-20 | 프라이탁 가방

한 트럭에서 사용하는 타르가 입혀진 방수천을 싣고 돌아왔다. 그리고는 천을 깨끗이 빨아 말린 다음, 가방을 하나 만들었다. 이 날 이후 형제가 세 들어 살던 아파트 복도에는 자전거 튜브, 안전벨트, 트럭 방수천이 쌓이기 시작했다.

프라이탁은 홍보에도 기발한 아이디어를 접목시켰다. 지금은 매장에서 판매하지만 처음에 프라이탁 가방은 고속도로 갓길에서 판매되었다. 그곳에서 친구들과 함께 파티를 즐기면서 80개의 가방을 파는 데 성공했다. 이렇게 성공적으로 시장에 선보인 프라이탁은 젊은층의 열광적인 호응 속에서 대량 생산을 위한 판매 시스템을 갖추며 가방시장의 기린아로 등장했다. 우연한 아이디어에서 출발한 프라이탁은 유럽 전역을 비롯해 일본에까지 매장을 열 정도로 대성공을 거두었다.

유니버설 디자인: 주부들의 필수품

불과 10여 년 전만 해도 감자칼의 디자인은 변할 것 같지 않았다. 사실 감자칼의 기본 형태는 100년이 넘도록 거의 변하지 않고 있다. 사용하기에 안전하고, 편하지만 감자칼은 손잡이가 좁고, 짧아서 쥐기 불편했다.

은퇴한 미국의 엔지니어였던 샘 파버 Sam Farber 는 관절염을 앓고 있어 주방기구를 쉽게 다루지 못하는 아내를 위해 새로운 주방용품을 개발하기로 마음먹었다. 그는 몸이 불편한 사람은 물론 보통 사람들도 더욱 편하게 사용할 수 있는 주방용품을 만들겠다는 아이디어를 실행에 옮기기 위해 뉴욕의 스마트디자인 Smart Design 사에 제품 개발을 의뢰했다. 스마트디자인은 손의 크기에 따라 손잡이를 잡는 방법이 다르다는 사실과 작은

손잡이보다는 큰 손잡이를 편하
게 쥔다는 사실을 알아냈다. 이렇
게 해서 개발한 주방용품들은 대
부분 끝이 둥글고, 쥐기 편하며,
지렛대 원리를 이용해 힘이 덜 간
다. 옥소^{OXO}의 대표 상품인 '굿그
립스^{Good Grips}'는 이렇게 해서 탄생
했다.

그림 6-21 옥소 굿그립스 감자칼

굿그립스는 뛰어난 손잡이 디자인으로 유명하다. 우선 엄지손가락이
닿는, 갈퀴 같은 부분은 감자칼을 안정적으로 쥘 수 있게 해준다. 감자나
당근을 많이 깎아 본 사람이라면 알겠지만 많은 양의 야채를 다듬다보면
손목과 손잡이를 쥔 손이 아파온다. 그러나 대부분 회사들은 기능성만을
고려해 얼마나 잘 깎이는지만 고민한다. 그러다 보니 상대적으로 쥐는
힘이 약한 사람들은 많은 불편을 감수해야 했다. 이 점에 착안해 옥소는
산토프렌^{냉장고 패킹에도 쓰임}이라는 고무를 화학적으로 가공 처리한 소재를
사용해 가느다랗게 홈을 파서 갈퀴처럼 만들었다. 이 칼퀴 때문에 젖은
손으로 만져도 미끄러지지 않고, 손가락 부분도 안정감 있게 받쳐진다.

게다가 산토프렌이라는 소재는 식기세척기에서도 망가지지 않으며,
지저분해 보이지도 않는다는 장점을 지니고 있다. 이렇게 해서 굿그립스
가 처음 등장했을 때 혁신적인 손잡이 디자인은 관심의 대상이었다. 주
부들의 성원과 비평가의 갈채를 받으며 각종 디자인상을 휩쓸 정도였다.

사실 굿그립스의 첫인상은 잘빠졌다기보다 투박하고, 무겁고, 두툼하

다. 그러나 막상 손에 쥐면 부드러운 손잡이의 촉감과 묵직한 느낌 덕에 손에 착 붙는 것처럼 편안하다. 다양한 컬러와 예쁜 형태를 고려했다면 딱딱한 플라스틱 같은 소재를 썼을 것이다. 한마디로 쓰는 사람을 고려해 인체공학적으로 디자인한 제품이 바로 굿그립스다. 물론 당시에도 많은 제품이 출시되어 있었지만 굿그립스는 기능적인 측면보다는 촉감이나 사용성으로 승부했다.

옥소는 어린이부터 노약자, 장애인도 쉽게 다룰 수 있는 유니버설 디자인을 추구하는 대표적인 브랜드 중 하나다. 아내의 불편을 세심하게 관찰한 파버는 미숙하게 사용해서가 아니라 물건 자체가 불편하게 디자인되었다는 점을 고려해서 제품을 개발했던 것이다. 사실 오랫동안 노약자와 장애인은 시장에서 외면의 대상이었다. 그러나 이들을 고려해 디자인한 옥소의 주방용품들은 초기에 재활보조장비회사를 통해 판매되면서 주부들에게 엄청난 인기를 끌었고, 기업은 매년 50퍼센트 이상의 성장률로 보답 받았다. 결국 옥소의 성공으로 다른 주방용품 회사들도 인체공학적 디자인을 고려하기 시작했다.

디자인하지 않으면 사임하라

"Design or Resign: 디자인을 하든지 사표를 쓰든지"

마거릿 대처 전 영국수상

마거릿 대처^{Margaret Thatcher} 전 영국 수상은 디자인의 중요성을 강조하면서 "디자인하지 않으면 사임하라^{Design or Resign}"는 말을 남겼다. 1980년대 보수당 정권에서 디자인은 곧 혁신 그 자체였다. 실제로 대처 수상은 디자인 산업 육성으로 경제위기를 극복해냈고 디자인 교육 내실화와 디자인경영 교육에 국가적 힘을 쏟았다. 1982년 수상관저에서 제품 디자인 세미나를 개최할 정도로 디자인을 국가 전략으로 생각했다.

디자인은 보수당 정권이 물러나고, 1997년 노동당이 집권하면서도 계속 국가의 주요 정책으로 자리잡았다. 노동당은 '아이디어와 열정으로 충만한 국가'의 이미지를 강조하며 창조적 산업에 정책의 초점을 맞추고 있다. 토니 블레어^{Tony Blair} 전 영국 총리도 창조산업을 국가 성장 동력으로 육성하는 전략을 세워 '창조적 영국^{Creative UK}' 캠페인과 '멋진 영국^{Cool Britannia}'이라는 슬로건 아래 공공 디자인을 우선시하는 정책을 펼쳤다.

영국은 도시 디자인에도 투자를 아끼지 않았다. 그래서 영국 정부는 1993년 밀레니엄 위원회를 설립해 초기 자금 20억 파운드를 마련한 뒤 세계적인 건축가들을 앞세워 런던에 '밀레니엄브릿지 Millennium Bridge', '테이트모던 Tate Modern', '런던아이 London Eye' 등을 건축해 런던을 세계적인 디자인 도시로 만드는 데 열정을 쏟아 부었다.

영국은 디자인을 중심으로 하는 창조산업이 총부가가치 생산의 10퍼센트, 수출의 9퍼센트를 차지하는 고성장 산업을 지향하고 있다. 디자인 산업의 매출은 2004~2005년 영국 전체 GDP의 1퍼센트, 창조산업 전체 중 14.7퍼센트를 차지했다.[09] 현재 영국은 2012년 런던올림픽을 앞두고 창조산업에 더욱 애정을 쏟고 있다.

영국은 일찍감치 디자인의 중요성을 깨달은 국가였다. 산업혁명으로 섬유산업에 일찌감치 발을 들였기 때문에 디자인이 섬유산업의 경쟁력과 경제가치를 높이는 중요한 수단이었음을 깨닫고서 디자인 정책을 펼쳐나가기 시작했다. 특히 영국은 전통과 현재를 디자인적으로 결합하려고 노력했다. 19세기 중반 로버트 필 Robert Peel 총리는 영국과 프랑스 섬유 무역 불균형을 해소하기 위해 디자인 진흥방안을 제시했으며, 이를 계기로 디자인 박물관과 디자인 시범학교가 설립되었다.

윈스턴 처칠 Winston Churchill 은 1944년 산업 디자인 위원회를 설립해 산업 디자인 육성 정책을 추진함과 동시에 전후 복구사업을 가속화했다.

 출처: 이병욱, 《아사히야마 동물원에서 배우는 창조적 디자인 경영》, 국일미디어, 2008년.

1945년에는 '굿디자인 운동'을 전개했으며 1970년대에는 정부 산하에 디자인 협의회 Design Council 를 설치해 디자인 육성 전략을 펼쳤다.

영국은 국가 차원에서 디자인 활용을 위한 다양한 정책을 시행하고 있으며, 전 세계적으로 가장 강력한 디자인 수출 지원 체계도 갖추고 있다. 덕분에 디자인 컨설팅으로 벌어들이는 수입만 연간 10억 파운드 규모에 이른다. 이는 세계 최고 규모다.

이를 위해 디자인 협의회는 디자인 방법론을 개발하여 기업의 경쟁력 향상에 기여하고 있다. 또한 디자인 정책 및 진흥을 담당하는 정부 부서인 DTI Design Policy Unit 는 디자인 기관들과 다른 정부 부처들과의 연계를 통해 디자인 컨설팅과 디자인 수출을 지원하고 있으며, 디자인비즈니스 협회 Design Business Association 는 영국국제무역 British Trade International 프로그램에 따른 디자인 전문회사의 수출 노하우를 교육하는 역할을 담당하고 있다.

영국디자인이니시어티브 British Design Initiative 는 디자인 자문 및 추천 서비스를 통해 해외 기업이 영국의 디자인 서비스 산업에 투자하도록 지원하는 등 영국의 주요 디자인 관련 기구들은 세계 최강의 디자인 수출 지원 시스템을 구축하고 있다.

19세기 내내 산업혁명을 선도했고, 20세기 중반까지 세계의 정치와 경제를 주도했던 나라가 바로 영국이다. 해가 지지 않는 나라라는 이름 아래 영원할 것 같던 영국은 20세기 중반 이후 극심한 노동운동과 과도한 복지정책으로 경기 침체와 재정 적자에 직면하면서 최대 위기를 겪게 되었다. 대내외적으로 '영국병'이라는 비아냥도 들어야 했다. 초강대국이었던 영국은 자존심에 상처를 입었고, 이런 상황에서 보수당과 마거릿 대처 수상은 과감한 개혁을 할 수밖에 없었다.

1979년 집권에 성공한 보수당의 대처 수상은 철밥통으로 일컬어지던 국영기업들을 과감하게 민영화하고, 경쟁력이 없는 산업들에 과감한 구조조정을 단행했다. 그러면서 디자인의 중요성과 디자인의 경제적 가치를 내세우게 되었다. 오늘날 영국의 경쟁력이 바로 디자인이고, 이 경쟁력의 근간에는 정치 지도자의 결단과 탁월한 마인드, 그리고 수많은 디자인 정책들이 있었다.

또 다른 디자인 산업 강국인 미국과 독일의 디자인 정책도 살펴보자.[10] 미국은 전문 디자인 협회 및 민간 디자인 기관을 중심으로 디자인 진흥활동을 전개하고 있으며, 이에 소요되는 예산은 정부와 민간이 공동으로 조달한다. 가장 대표적인 기관은 디자인경영연구소 Desgin Management Institute 와 미국산업디자인협회 IDSA, 기업디자인재단 Corporate Design Foundation 을 들 수 있다.

디자인경영 분야에서 국제적 권위를 자랑하는 디자인경영연구소는 디자인의 경제적, 문화적 중요성에 대해 사회적 인식을 높이고자 힘쓰고 있다. 디자인 경영자들이 해당 분야에서 최고의 리더로 성장할 수 있도록 디자인경영 교육을 실시하는 한편, 기업 전략의 핵심으로써 디자인의 중요성을 알리고자 노력한다. 기업과 전문 컨설턴트, 그리고 대학과 네트워크를 구축하여 컨퍼런스를 개최하는 한편 데이터베이스 구축에도

 출처: 김의경, '세계 각국의 디자인 진흥 정책', 〈월간 디자인〉 2006년 2월.

힘쓰고 있다.

미국 산업디자인협회는 디자인에 대한 인식을 높이고 디자인의 경제적 가치를 기업에 알리는 데에 앞장서고 있다. 또한 디자인의 질적 향상을 위해 디자인 교육을 활성화하면서 전문 디자인 공동체를 유지하도록 힘쓴다.

한편 교육 및 연구 기관인 기업디자인재단은 비영리 기관으로, 디자인을 통해 삶의 질을 향상시키고 효율성을 증대시키기 위해 설립되었다. 기업 경영자는 물론 경영을 전공하는 학생들을 대상으로 디자인 인식을 증대시키고 경영 및 공과 대학, 기타 교육 기관을 위한 디자인 관련 교재를 개발하고 있다.

독일은 국가 차원의 디자인 진흥기관인 독일 디자인협회에서 디자인 관련 정보와 여러 노하우를 전파한다. 예산은 연방정부의 경제부로부터 지원받고 언론 및 교육 연구 기관과 산업체로부터 협찬받는다. iF는 산업과 디자인 간 연계를 통해 디자인 진흥의 역할을 담당하며 뛰어난 디자인 제품에 iF 인증 라벨을 수여하여 굿디자인을 정책적으로 장려하고 있다.

뉴질랜드 정부 산하 기관인 디자인진흥기관은 디자인 관련 안내책자를 발간하면서 제목을 '디자인하라, 그렇지 않으면 죽음뿐이다 Design or Die'라고 썼다. '디자인하지 않으면 사임하라'는 대처 수상의 말보다 더 강도가 높은 이 말로 뉴질랜드 또한 혁신적인 디자인 변화를 꿈꾸고 있다.

디자인
강국이
경제 대국

디자인에 강한 기업이 비전 있는 기업이듯 디자인에 강한 나라가 경제 대국일 가능성이 높다. 선진국은 디자인에 강하다. 앞서 소개한 영국, 미국, 독일뿐만 아니라 스칸디나비아 반도에 있는 북유럽 4개국도 디자인 강국이다. 즉 노르웨이, 스웨덴, 핀란드 및 인접국인 덴마크는 디자인 강국이자 동시에 경제 대국이다. IMF가 발표한 2008년 기준 1인당 GDP 순위에서 노르웨이는 3위10만 2,524.55달러, 덴마크는 4위 6만 7,386.89달러, 스웨덴은 9위 5만 5,623.77달러, 핀란드는 10위 5만 4,577.85달러 였다. 이들 4개국이 10위권 안에 들었던 것이다.

그렇다면 이들 4개국은 어떻게 디자인 강국이 되었을까? 핀란드의 노키아^{Nokia}, 스웨덴의 에릭슨^{Ericsson}, 일렉트로룩스^{Electrolux}, 앱솔루트^{Absolut}, H&M, 이케아^{IKEA}, 볼보^{Volvo}, 사브^{Saab}, 덴마크의 레고^{LEGO}, 뱅&올룹슨^{Bang&Olufsen}, 로열코펜하겐^{Royal Copenhagen} 등 북유럽을 대표하는 이들 브랜드들은 인간, 환경, 기술을 담은 디자인을 선보여 소비자의 사랑을 받아왔다. 첨단 IT에서 패션, 가구와 생활소품을 비롯해 심지어 술과 장난감에 이르기까지 세계인의 사랑을 받은 북유럽 브랜드들은 그들만의 디자인 색깔을 유지했다.

여기에 북유럽 출신의 세계적인 디자이너들도 각국의 독특한 색깔과 콘셉트를 가진 디자인을 선보이며 북유럽 4개국을 디자인 강국으로 만드는 데 큰 역할을 했다. 특히 건축 디자인과 가구 디자인 부문에서 북유럽 디자이너들은 세계 최고다. '에그체어 Egg Chair'로 유명한 아르네 야콥센 Arne Jacobsen, '판톤체어'로 유명한 베르너 팬톤 Verner Panton 을 비롯해 한스 베그너 Hans J. Wegner 등은 가구 디자인 분야에서 독보적인 디자이너들이다. 그리고 건축가이자 디자이너인 알바 알토 Hugo Alvar Henrik Aalto를 비롯해 뉴욕에 위치한 유엔 본부의 내부 인테리어를 진행한 핀 율 Finn Juhl, 호주의 오페라하우스를 건축한 요른 우즌 Jorn Utzon에 이르기까지 북유럽 디자이너들은 세계 곳곳에 자신만의 디자인을 남기고 있다. 그동안 몰랐을 뿐이지 북유럽 디자인은 우리에게 너무나도 친숙하게 다가와 있었다.

스칸디나비아 디자인은 1930년대에 세계적으로 주목을 받기 시작했으며 1950년대에 1차 전성기를 누렸다. 그리고 1990년대부터 2차 전성기를 누리며 오늘에 이르고 있다. 1930년대에는 기능주의와 모더니즘의 영향을 받아 실용성을 강조한 디자인으로 우수성을 주목받았으며, 1990년대 이후부터는 오랫동안 환경과 인간을 중시해온 디자인으로 다시금 주목받고 있다.

북유럽 국가들은 늘 세계에서 가장 살기 좋은 나라, 국가 경쟁력 지수와 교육 경쟁력 등이 최우수인 나라, 국민소득도 높고, 부패도 없고, 행복지수와 삶의 질이 높은 나라라는 찬사를 받아왔다. 이는 인간과 환경에 대한 배려가 큰 국가적인 배경 때문이다.

열악한 자연환경은 환경과 인간에 대한 관심을 낳았기 때문에 디자인에서 그러한 이미지가 반영되었던 것이다. 즉, 건축 디자인, 가구 디자인이 그들에게 최고의 강점으로 남을 수밖에 없었던 이유는 분명하다. 단순함, 실용성, 자연미, 인간에 대한 배려 등을 공통적으로 지니고 있는 스칸디나비아 디자인에 대해 이러한 평가도 있다.

장 손데가드 Jan Sondergaard 덴마크 왕립 미술학교 교수는 "스칸디나비아 사람들은 실용적인 것을 좋아하는데다가 사회적으로 배려하는 문화적 성향이 강해서 누구나 사용할 수 있도록 제품의 기능성을 강조한다"고 말했다. 그는 "북유럽은 일찍부터 수공예가 발달해 소재나 디자인을 새롭게 시도해보는 환경이 잘 조성되어 있다"고 덧붙였다.[11]

북유럽 디자인은 기능성과 이미지에서도 단연 돋보인다. 북유럽 국가들의 인터넷 보급비율은 전 세계 상위권이다. 그들은 새로운 첨단 기술이나 유행을 받아들이는 데 민감하다. 이런 점은 한국과 비슷하다. 한국이 삼성과 LG를 배출할 수 있었던 이유와 인터넷 강국으로 부상하여 IT 선도 국가로 성장했던 배경이 첨단 기술과 유행을 빨리 받아들이는 민족성 덕분이라고 하는데 이는 북유럽도 마찬가지다.

북유럽 국가들은 환경, 문화와 함께 국가의 적극적인 지원, 탁월한 디자인 교육, 산학 협력 등을 한데 모아 최고의 디자인으로 구현했다. 우선 북유럽 국가들의 디자인 정책을 살펴보면 다음과 같다.

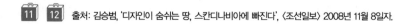 출처: 김승범, '디자인이 숨쉬는 땅, 스칸디나비아에 빠진다', 〈조선일보〉 2008년 11월 8일자.

덴마크는 2007년 4월 디자인 육성을 주요 내용으로 하는 '디자인 덴마크' 정책을 발표했는데, 이를 통해 디자인 산업의 수출 비중을 기존의 20퍼센트 수준에서 30퍼센트 수준까지 끌어올리고자 했다. 여기에는 디자인 교육과 지적재산권 보호, 브랜드 육성 등을 통해 디자인 경쟁력을 높여 해외에서 덴마크 제품이 잘 팔릴 수 있도록 지원한다는 내용도 포함되어 있다. 아울러 덴마크의 디자인과 건축, 수공업의 세계 진출을 돕는 정부 주도의 '디자인 펀드'도 조성하고 있다.[12]

북유럽 디자인 교육은 새로운 방식으로 제품에 접근하도록 돕는다. 예를 들어 휴대전화를 디자인할 때 사람과 사람 사이의 커뮤니케이션을 먼저 이해하고, 분석하도록 교육한다. 눈에 보이는 제품 자체의 형태나 소재보다는 그 너머에 숨겨진 근본적인 이해와 분석이 있어야만 소비자를 만족시킬 수 있음을 알기 때문이다. 그래서 북유럽 국가들은 디자인의 경제적 가치를 체계적으로 다뤄오고 있다.

핀란드는 2000년 국가 디자인 정책 제안인 '디자인 2005!' 프로그램을 실행했다. 이는 핀란드의 국가연구개발기금과 상공부, 교육부, 외교부, 문화부 등이 주체가 되어 정책을 제안한 것으로 디자인을 통한 일자리 창출과 디자인을 국가 혁신 전략에 통합시켜 핀란드의 디자인 국제 경쟁력을 강화하고자 한 프로그램이었다. 핀란드 국가기술연구원은 디자인 기술 지원 프로그램을 마련하여 기업 및 산업을 위한 디자인 진흥에 기여하고, 지방 노동사업청은 중소기업의 디자인 활용을 지원한다. 디자인 회사의 해외 프로젝트를 독려하고 관련 교육도 진행하고 있으며, 디자이너 수를 늘리고, 디자인 교육 수준을 높이기 위한 인식을 확대하는 데도 노력하고 있다. 아울러 공공 건물을 비롯한 해외 주재 핀란드 대사관의 가구와 소품을 핀란드 디자인으로 공급하여 핀란드 디자인을 국제적으로 알리는 데에도 앞장서고 있다. 노르웨이는 2002년부터 우수 디자인 인증제를 실시하고 국가 디자인 캠페인을 벌여 왔다. 디자인을 처음 활용하는 기업에 경제적인 지원을 하며, 기업의 디자인 개발을 돕고, 디자인에 대한 각종 정보를 제공한다. 아울러 노르웨이 디자인 제품과 디자이너, 그리고 디자인 회사의 국제화에도 정책적인 지원을 계속한다.[13]

산학협력 역시 디자인 선진국으로 진입하는 데 중요하다. 실무경험 없는 이론교육만으로는 한계가 크기 때문이다. 그런 점에서 북유럽 국가들은 공통적으로 산학협력을 중요시해왔다. 예를 들어 스웨덴 공과대학은 일렉트로닉스와 함께 트릴로바이트 청소기 개발에 참여했고, 헬싱키 예술디자인대학은 노키아의 휴대전화 디자인에 참여했듯이 북유럽 대학의 디자인 교육과 북유럽 기업의 디자인 현장은 밀접한 관계를 구축하고 있다.

 13 출처: 김의경, '세계각국의 디자인 진흥 정책', 〈월간 디자인〉 2006년 2월.

새로운 가치를 입고
명품도시로
부활하다

디자인은 도시에게 새로운 가치를 부여한다. 쇠락한 도시가 새로운 희망을 갖고서 디자인 도시로 태어나기도 하고, 암울하고 불편했던 도시가 디자인을 통해 쾌적하고 친환경적인 도시로 거듭나기도 한다. 디자인은 경제적, 사회적 가치를 가장 효과적으로 보여주는 사례다.

탄광도시, 디자인으로 부활하다

전 세계적으로 탄광산업이 쇠퇴하면서 한때 번성했던 탄광도시들은 쇠락의 길로 접어들 수밖에 없었다. 하지만 모두가 떠나려고만 했던 탄광도시는 디자인의 옷을 입고서 드라마틱하게 새로 탄생했다. 독일의 에센 Essen, 프랑스의 생테티엔 Saint-Etienne, 영국의 버밍햄 Birmingham 은 모두 탄광도시에서 디자인 도시로 새롭게 거듭났다.

독일의 에센은 인구 60만 명이 사는 작은 도시다. 그러나 이곳은 매년 6월이면 전 세계 디자이너들을 위한 성지가 된다. 미국의 'IDEA', 독일의 'iF'와 더불어 세계 3대 디자인상으로 손꼽히는 '레드닷디자인어워드 Reddot Design Awards'가 열리기 때문이다.

독일 최고의 공업도시였던 에센은 철강기업인 크루프 Krupp 때문에 크게 발전했다. 19세기 초만 해도 인구 1만 명이던 작은 마을에 크루프가 철강업을 시작하면서 크게 번성했다. 그러나 철강산업도 제2차 세계대전 이후 등장한 플라스틱 때문에 위기를 겪게 된다. 이를 극복하기 위해 크루프는 디자인어워드를 개최하게 된 것이다. 레드닷디자인어워드가 열리는 '레드닷디자인미술관'은 과거 탄광과 발전소로 쓰였던 졸버라인 Zollverein, 탄광공장이라는 뜻 이었다. 한때 독일 최대의 탄광이었던 졸버라인은 1988년에 폐광되었다. 그러나 바우하우스 양식으로 지어진 이 건물은 2001년 유네스코 세계문화유산으로 지정되었으며 석탄을 채굴하고 이동하는 과정 등을 그대로 보존해 관광코스로도 개발되었다.

영국의 세계적 건축가인 노먼 포스터Norman Foster 가 리노베이션한 레드닷디자인미술관의 내부는 녹슨 철로 된 낡은 시설을 잘 살려 레드닷디자인어워드를 수상한 세련된 현대 작품들과 대비되어 그 자체로 장관을 이룬다. 과거의 유산을 간직한 졸버라인을 레드닷디자인미술관으로 개조해 에센의 명소로 만들고자 했던 시도는 너무나 탁월했다. 이 지역은 전시장은 물론 각종 파티와 행사 장소로도 대여되어 해마다 수십만 명의 관광객이 찾는 곳으로 거듭났다. 결국 디자인은 쇠락해가던 도시에 활력을 불어넣어 지역 경제를 되살리는 견인차가 되는 데 큰 역할을 했다.

프랑스의 생테티엔에는 '국제디자인비엔날레'가 열린다. 파리에서 떼제베TGV로 세 시간가량 달리면 프랑스 중남부인 론알프스Rhone-Alpes 지역에 자리 잡은 생테티엔이 나타난다. 탄광, 군수산업, 실크로 유명했던 프랑스의 전형적인 공업도시인 이곳은 1960년대부터 재개발 사업에 착수하여 디자인 문화도시로 거듭나기 시작했다. 지난 1998년에 시작된 '생테티엔국제디자인비엔날레 Saint-Etienne International Design Biennale'는 디자인 문화도시로 거듭나려는 이곳의 의지를 잘 보여준다.

2년에 한 번, 11월에 개최되는 생테티엔 국제디자인비엔날레는 밀라노국제가구박람회나 런던디자인페스티벌 등 이름난 디자인 전시회들처럼 규모가 크지는 않다. 그러나 남아프리카, 세네갈, 쿠바, 폴란드, 인도, 멕시코 등 기존 대형 디자인 행사에서는 쉽게 볼 수 없었던 국가의 디자인을 만날 수 있다는 매력을 지니고 있다. 공예, 그래픽, 패션에 이르기까지 다양한 디자인 장르를 만날 수 있다는 점도 매력적이다.

비엔날레는 생테티엔 전시단지를 기점으로 현대미술관, 극장, 도시교통 박물관 등 도시 곳곳에서 열린다. 이 행사는 생테티엔 미술학교를 중심으로 진행되며 예산의 90퍼센트는 시에서 부담한다. 탄광·공업 도시로 시작한 생테티엔은 사실 여느 프랑스의 중소도시들보다 풍성한 예술적 자산을 갖고 있다. 대표적인 예로 '피미니 Firminy' 타운을 들 수 있다. 이곳은 생테티엔 중심에서 차를 타고 15분가량 떨어진 외곽으로 나가면 세계적인 건축 거장인 르 코르뷔지에 Le Corbusier 의 건축물들이 작은 마을을 이루는 곳이다. 생테티엔은 전통적인 공업도시에서 디자인 도시로 변화하는 과정에 있다.

영국 버밍햄의 '셀프리지 백화점'은 탄광도시를 먹여 살리는 건축물의 힘을 보여줬다. 영국 제2의 도시인 버밍햄은 '검은 지방 black county'으로 불릴 만큼 영국 탄광산업의 중심부였다. 그러나 1970~1980년대를 거쳐 철강 등 버밍햄의 주력 산업이 몰락하면서 도심 중심에 있는 800년 전통의 재래식 시장인 불링 Bullring 도 쇠락하기 시작했다. 하지만 2003년

불링에 독특한 외관을 갖춘 셀프리지 백화점이 들어선 이후 버밍햄은 새로운 부활의 기회를 맞는다. 전통 있는 해로즈 백화점이 순 영국식 기업인데 반해 셀프리지는 미국식 경영법을 채택하고 있으며, 런던의 패션을 가장 잘 반영하는 백화점으로 알려져 있다.

건축가인 비토리오 래디스 Vittorio Radice 가 파코라반 Paco Rabanne 의 사슬 갑옷 드레스에서 영감을 얻어 디자인한 셀프리지 백화점은 1만 5,000개의 둥근 알루미늄판으로 외관을 장식했다. 한번 보면 잊지 못할 만큼 아주 인상적인 셀프리지 백화점은 개관 첫 해에만 3,000만 명이 찾았을 정도로 영국의 대표 관광명소가 됐다. 영국의 한 조사에 따르면 셀프리지 백화점은 에딘버러성 Edinburgh Castle 과 타워브릿지 Tower Bridge 를 제치고 런던아이와 빅벤 Big Ben 에 이어 영국의 랜드마크 3위에 랭크되었을 정도다.

영국 〈옵저버〉는 2003년을 빛낸 이벤트 50선에 셀프리지 백화점을 꼽기도 했다. 셀프리지 백화점으로 인해 버밍햄은 런던에 이어 2대 쇼핑도시가 되었으며 8,000개 이상의 일자리가 창출됐다. 도시의 외관뿐 아니라 경쟁력까지 살린 셀프리지 백화점의 성공 사례는 훌륭하게 디자인된 건축물이 도시를 먹여 살릴 수도 있음을 잘 보여준다.

낡은 공장에 새로운 생명을 불어넣다

낡은 공장지대의 원형과 역사를 유지한 채 재개발해 새로운 가치를 창조해내는 사례가 있는 반면, 역사를 지우는 디자인 정책, 토건을 포장하는 공공 디자인도 있다. 이런 사례는 멀리 갈 필요도 없다. 바로 한국에 있으니까.

옛 시청을 부수고 새 시청을 짓는 서울시가 디자인수도를 외친다? 아이러니가 아닐 수 없다. 한국의 도시 디자인은 역사의식을 제대로 바라보지 못한다. 무엇이든 새것만을 좋아한다. 과거와 역사를 지워버리고 새것만 자꾸 짓다보면 도시의 가치는 떨어질 수밖에 없다. 도시는 새것 전시장이 아니다. 사람이 살고, 문화가 살고, 역사가 이어져온 살아 있는 삶의 현장이 바로 도시다.

역사를 유지하며 디자인을 한 공공 디자인의 사례를 보자. 먼저 화력발전소 위에 현대미술관을 꽃피운 테이트모던^{Tate Modern}이 있다. 테이트모던은 1981년 문을 닫은 뱅크사이드^{Bankside} 화력발전소를 개조해 2000년 5월 12일에 개관한 미술관으로, 템스 강의 관광객을 유치하기 위해 조성되었다. 20세기 이후의 현대 미술품을 주로 전시하며, 뉴욕의 MoMA에

그림 7-1 테이트모던

비견되는 현대미술관이다. 20년 동안 폐기되어 흉물스러웠던 화력발전소라는 과거의 잔재를 디자인의 힘으로 변신시켜, 영국인들의 자부심을 높여주는 새로운 문화예술 공간으로 만들어놓았다.

독일의 뒤스부르크 ^{Duisburg}에는 낡은 공장지대에 새로운 생명을 불어넣은 도시 디자인이 빛을 발하고 있다. 뒤스부르크의 조경공원은 1901년에 지어진 독일 철강회사인 티센 ^{Thyssen}의 제철소를 공원으로 바꾼 공장 정원으로, 버려진 공장에 새로운 가치를 불어넣었다. 즉 공장의 광석 저장 벙커에 140여 개의 암벽시설을 설치해 암벽 등반 훈련시설로 개조해 사용하고 있다. 또한 레저, 스포츠뿐 아니라 독일 철강 및 석탄의 역사적 현장을 보존한 박물관 기능도 하고 있어 교육적, 역사적 효과도 크다. 60만 평의 공장부지는 1989년 티센측으로부터 단돈 1마르크에 주 정부가 사들였는데, 무상기증 대신 상징적 의미로 그런 매입 가격을 지불했다.

공장부지는 대개 원 소유주가 아파트나 빌딩을 짓거나, 쇼핑몰을 만드는 데 사용한다. 그리고 자치단체에 팔더라도 감정가 수준에서 파는데 이처럼 대가없이 내놓는 일도 흔치않은 사례다. 주 정부는 5년 동안 시설보수에만 7,000만 유로를 들여 죽은 공장에서 새로운 생명을 찾아냈고, 매년 60만 명의 이용객들을 맞이하고 있다.

뒤스부르크에는 가소메터 ^{Gasometer}를 재활용한 사례도 있다. 과거 가스 저장탱크였던 곳에 물을 채워 다이빙과 스킨스쿠버 훈련장으로 쓰고 있다. 독일 북부 공업도시인 오버하우젠 ^{Oberhausen}의 가소메터는 아트홀로 변신한 바 있다. 높이 117.5미터, 둘레 67.6미터에 달하는 가스저장고를 아트홀로 개조하여 세계적인 비디오 아티스트인 빌 비올라 ^{Bill Viola}의 비디오 사운드 전시를 개최하는 등 수많은 전시와 이벤트를 진행하고 있다.

이 또한 버려진 공장 시설에 도시 디자인의 힘을 빌어 새로운 생명을 불어넣은 사례다. 버려진 공장을 활용했을 뿐 아니라 공장의 과거, 즉 역사를 유지하며 새로운 가치를 디자인의 힘으로 만들어냈다는 점이 주목할 만하다. 이것이 바로 도시가 창조해내는 새로운 가치이자 경제성이다.

디자인의 힘은 도시의 색깔을 바꾼다

시카고 Chicago 는 스카이 라인을 이루는 고층 건물이 많은 도시로 유명하다. 시카고에는 그린루프 Green Roof 가 있는데, 이는 리처드 데일리 Richard Daley 시카고 시장이 2001년 환경보호차원에서 도입한 것으로 건물 옥상 바닥을 녹색 풀밭으로 만들어 도시의 열섬현상도 줄이고 도시 내 녹지공간도 늘이는 데 일조하고 있다. 시카고 시청사를 비롯하여 400여 개의 건물에 친환경 잔디 지붕이 설치되어 있으며 이는 점점 늘어가고 있다.

도시 디자인은 미관뿐 아니라 환경에도 영향을 미치고 있으며, 도시의 새로운 가치도 창조해내고 있다. 시카고는 건물 옥상뿐 아니라, 틈새 공간에서도 녹지를 만들어내고 있다. 2005년에 오픈한 시카고의 밀레니엄파크 Millennium Park 는 자갈투성이의 주차장 공간이 변한 새로운 녹지다. 2,000대의 차량을 수용할 수 있는 주차장을 지하로 밀어 넣고, 지상에는 잔디가 깔린 도심 속 녹지공간이 들어선 것이다.

뉴욕 맨해튼 Manhattan 의 미트 패킹 Meat Packing District 은 떠오르는 지역 중 하나다. 뉴욕의 가장 트렌디한 명소로 손꼽히는 이곳은 이름이 말하듯 1990년대까지만 해도 250여 개의 도살장과 미트 패킹 공장이 들어서 있었다. 여전히 미트 패킹의 명맥이 유지되고 있으며, 큰 시장도 있다. 세련되고 화려한 이미지라기보다는 다소 지저분하고 오래된 이미지 속에 고급 패션과 레스토랑들이 숨어 있다고 보면 된다. 원래 미트 패킹이 도살장과 육류 가공 공장이 있는 지역인지라 상대적으로 임대료가 저렴했고, 저렴한 작업실을 찾던 예술가들이 하나둘 모여들기 시작했다. 예술가와 함께 패션 디자이너뿐 아니라 레스토랑과 술집도 모여들었다. 패션과 예술이 만나 트렌디한 문화공간으로 변신한 것이다. 여전히 새벽에는 도축 공장이 활기를 띠지만 오후에는 패션 거리로, 저녁에는 레스토랑과 술집으로 하루 세 번, 변신을 거듭하는 곳이 미트 패킹이다.

도시 디자인으로 전통과 현대를 조화시킨 요코하마 Yokohama 도 눈여겨볼 만하다. 1960년대 도쿄 Tokyo 의 베드타운 bed town 으로 전락했던 요코하마는 도시의 정체성을 살리기 위해 개항 도시라는 역사적 특성을 살리는 도시 디자인을 시행했다. 즉 '전통과 현대의 조화'라는 테마 아래 역사적인 건물들의 외관을 보존하고 보행자를 위한 공간을 확대했다. 이에 따라 1902년에 지어진 세관 화물보관창고인 아카렌가소고를 쇼핑 센터와 갤러리로 개조하고 화물열차가 다니던 기찻길인 기샤미치를 보행자 전용도로로 꾸며 도시의 상징물로 만들었다. 결국 이곳은 관광객들의 필수 방문 코스가 됐다.

구겐하임 미술관 Guggenheim Museum 으로 유명한 빌바오 Bilbao 도 있다. 15세기 이래 스페인 바스크 Basque 지방의 공업도시였던 빌바오는 1980년대 바스크 분리주의자들의 테러와 철강과 조선 산업의 쇠퇴로 몰락의 길을 걸었다. 하지만 빌바오를 살린 것은 미술관이었다. 1991년 바스크 정부

가 문화 산업만이 살 길이라고 판단하고 1억 달러를 들여 구겐하임 미술
관을 유치한 것이다. 미국 건축가인 프랭크 게리 ^{Frank Gehry} 가 설계한 독특
한 외관의 구겐하임 미술관이 들어서자 빌바오는 문화도시로 탈바꿈해
연간 100만 명 이상의 관광객들을 세계 각지에서 끌어들이고 있다. 미술
관 하나가 도시 디자인을 어떻게 변화시키는지, 미술관 하나가 도시의
가치를 어떻게 바꾸는지를 단적으로 보여주는 사례라 할 수 있다.

디자인올림픽,
디자인수도
그리고 코리아디자인프로젝트

'Design is everything ^{디자인이 전부다}', 'Design is air ^{디자인은 공기다}'라는 슬
로건이 서울에 내걸렸고, 2008년에 서울디자인올림픽이 열렸으며,
2010년 세계디자인수도로 확정되었다. 남산과 한강, 동대문을 비롯한
서울 곳곳에서 대대적인 디자인 개선 프로젝트가 시행되고 있고, 아파트
나 빌딩 등 신규 건축물 디자인도 서울시에서 관련 허가를 내주고 있다.
물론 대대적인 간판 정비 사업을 비롯해서 시각적인 변화가 서서히 일어
나고 있는 도시가 바로 대한민국의 수도인 서울이다. '디자인 서울'이라

는 말도 여기저기서 들리고 있고, 디자인이 붙은 각종 행사와 정책, 보도 자료도 점점 늘어나고 있다.

2006년에 취임한 오세훈 서울시장은 취임 당시에 디자인의 중요성과 의지를 밝힌 바 있다. 당시 취임사에서 "도시 디자인으로 서울의 도시 경쟁력을 높이고 브랜드 가치를 키울 것"이라고 언급했다. 그후 디자인 서울프로젝트는 가시화되었고, 2007년 5월 도시 디자인의 중심 역할을 수행할 디자인 서울 총괄본부를 시장 직속기구로 설치해 부시장급으로 본부장을 두면서 구체화되기 시작했다. 아울러 서울의 25개 구청에 디자인 책임자가 배치되어 외형적으로는 가장 체계적인 디자인경영 조직으로 거듭나는 듯했다.

2008년 5월 디자인 서울 가이드라인이 확정, 발표되었다. 2007년 10월 부터 검토 작업에 들어가 실무자 회의와 공청회 등을 거쳐 최종안이 정해져서 발표되었는데 공공 공간과 공공 건축물, 옥외광고물의 가이드라인 등 모두 다섯 개 분야로 구성되어 서울 시내 보행로와 도로 등 모두 156 종류의 공공 건축물과 시설물에 적용된다.

디자인서울프로젝트는 서울을 대표하는 한강과 남산의 디자인 개선을 비롯해, 거리의 모습을 바꾸는 도심 재창조 프로젝트와 동대문운동장 철거에 대한 '동대문디자인플라자 & 파크'로 리모델링하는 사업 등 네 가지 영역이 디자인 서울의 주요 사업으로 제시되어 진행된다.

서울시가 진행하고 있는 디자인서울프로젝트의 상세 내용[14]을 자세히 살펴보자. 네 가지 프로젝트의 내용과 함께 경제적 효과도 언급하고 있는데, 이는 서울시의 추산치임을 염두해두고 봐야한다.

정부는 왜 디자인을 화두로 꺼냈나?

실용정부는 취임하자마자 코리아디자인프로젝트를 외쳤다. 디자인이 가지는 경제적인 힘을 정부도 알았다는 의미인지, 아니면 디자인이 정치적으로 이용할 가치가 많다는 의미인지는 모르겠으나 실용정부는 디자인을 정책의 전면에 내세웠다.

경제를 최우선으로 생각하는 실용정부가 디자인을 정책 화두로 내세우고 있다는 의미는 무엇일까? 디자인이 갖는 경제적 가치를 확인했다고 생각할 수 있다. 건설업으로 다져진 이명박 대통령은 디자인이 부가가치 창출과 선진국 진입에 필수라는 사실을 깨닫고서 건설을 포장할 새로운 도구로 디자인을 선택했던 것이다.

과거 정권과의 차별화를 위해서도 디자인은 필요했다. 정치는 이해관계가 극명한 분야다. 과거 정권과 정치적 이해관계를 달리한다면 새로운 정책으로 차별화를 시도할 수밖에 없다. 그러므로 역대 그 어떤 정권도 디자인을 정책 화두로 꺼낸 적이 없으니 차별화에는 성공했다고 할 수 있다.

국민의 눈높이도 달라졌다. 실용성, 효율성만 최고로 내세우던 시기는 끝났다. 국민들도 이제는 도시 및 국토를 개발하는 데 디자인을 전면적으로 요구하고 나선다. 결국 국민의 지지와 관심을 유도하는 데 디자인은 가장 쉬우면서도 차별성을 갖는다고 할 수 있다.

한국 정부가 제시하는 뉴딜 정책New Deal Policy은 사회간접자본의 투자

 출처: 김윤현, '디자인 서울 마법이 시작된다', 〈한국일보〉 2008년 9월 9일자.

구분	내용
한강르네상스 프로젝트	한강을 도시계획의 중심축으로 삼아 적극 활용한다는 것이 바로 '회복과 창조'라는 기치 아래 2007년부터 2030년까지 진행될 한강르네상스프로젝트의 뼈대다. 한강과 인접한 동시에 단절된 현재 부도심의 기능을 한강으로 확장·발전시킨다는 내용이 눈에 띈다. 이에 따르면 잠실, 마곡, 용산 등 8개 지구는 수변도시로 개발돼 각종 수상교통수단의 터미널 구실은 물론 상업·문화·주거 등 다양한 기능이 복합된 거점도시 역할을 하게 된다. 특히 2016년까지 국제업무단지가 조성될 용산 지구는 인근 용산역, 용산공원 등과 연계돼 일본 도쿄 롯본기힐스를 훨씬 능가하는 세계적인 비즈니스타운을 목표로 한다. 서울시는 용산 국제업무단지가 완공되면 국내 최대 상권을 형성할 뿐만 아니라 국제업무기능 활성화와 관광객 증가로 약 67조 원의 경제유발효과가 있을 것으로 추산하고 있다. '한강 자연성 회복 사업'도 이 프로젝트의 핵심 과제 중 하나다. 전체 강변의 87퍼센트를 뒤덮고 있는 콘크리트 제방을 모두 걷어내고, 그 자리에 갈대, 물억새 등 수중식물을 심어 한강을 생명이 숨쉬는 물길로 되돌리는 사업도 추진된다.
남산르네상스 프로젝트	남산르네상스프로젝트를 통해 남산은 '인간 중심의 전통, 문화, 예술이 녹아 있는 아주 특별한 장소'로 거듭나게 된다. 우선 서울시는 남산 산책로와 보행로를 시민들이 쉽고 편하게 찾을 수 있는 열린 공간으로 바꿔나간다는 계획을 세웠다. 이에 따라 명동 세종호텔~숭의여대~남산케이블카~백범광장~힐튼호텔 구간의 '소파길' 차로를 줄여 테마거리로 만들고, '소월길'은 친환경 보행자 중심으로 만들어 한강과 용산공원 풍경을 한눈에 볼 수 있도록 하는 등 남산의 접근성을 대폭 개선한다. 가장 큰 특징은 남산공원을 중심으로 한 일대지역을 '갤러리파크 존'(장충지구), '미디어아트 존'(예장지구), '콘서트 존'(회현지구), '생태 존'(한남지구) 등으로 나눠 구역별로 특색 있게 가꾸면서도 남산이라는 큰 울타리 안에서 조화를 이루도록 개발한다. 디지털 기술을 활용한 남산 야경 업그레이드도 진행하는데, 이미 남산타워, 팔각정광장에서 조명을 통한 빛의 예술을 선보이고 있다. 2009년까지 국내외 디지털 조명예술 작가의 작품들을 추가 설치해 남산의 야경을 더욱 황홀하게 만들 계획이다.
	도로 기능만 하는 광화문, 세종로 일대를 '인간 중심의 공간, 역사와 문화체험의 공간, 자연경관 조망의 공간, 보행 네트워크의 공간'으로 재탄생시키는 사업을 진행 중이다. 프랑스 파리의 샹젤리제 거리, 영국 런던의 트라팔가 광장처럼 서울을 상징하는 '광화문 광장'을 기대하고 있다. 광화문 광장은 기존 세종로의 16차로

구분	내용
거리르네상스 프로젝트	를 10차로로 축소하고 그 중심에 폭 34미터, 길이 550미터 규모로 조성된다. 광장은 크게 여섯 마당으로 나뉘어 각각 다른 의미로 시민들에게 선을 뵌다. 먼저 경복궁 앞 130미터 구간에는 경복궁의 위엄을 나타내는 월대(月臺, 궁전, 누각 등의 앞에 세워 놓은 섬돌)가 세워지는 등 국가 상징축이 회복된다. 세종로공원 주변 210미터 구간에는 조선시대 육조거리를 재현해 역사 · 문화체험 공간으로 활용한다. 또한 세종문화회관 앞 130미터 구간에는 '한국의 대표광장'이 마련돼 세종대왕 동상이 옮겨오게 된다. 이곳에선 분수를 이용한 워터스크린을 통해 한글의 과학적 우수성을 재현한다. 이순신장군 동상과 세종문화회관 사이의 구간에는 지하공간을 활용한 시민참여 도시문화 광장이 들어선다. 이 광장은 어두컴컴한 지하공간이 아니라 찬란하고 은은한 햇빛이 들어오는 '선큰광장'으로 조성된다. 이와 함께 이순신 장군 동상 주변에는 바다 이미지를 담은 거울연못과 바닥분수를 만들어 색다른 볼거리를 제공할 계획이다. 마지막 마당은 청계천과 연결되는 구간에 만들어진다. 경복궁에서 관악산으로 뻗어가는 국가 중심축과 청계천을 따라 형성된 도시 중심축이 교차하는 이 마당은 서울투어의 기점 구실을 하게 된다. 아울러 광화문 광장에서 청계천, 서울광장, 남대문까지 연결되는 남북축 공간 일대에 거대한 '보행자 네트워크'가 마련돼 시민들의 여유로운 산책 및 휴식공간으로 거듭날 예정이다.
동대문디자인 플라자&파크	82년의 역사를 뒤로 하고 철거된 동대문운동장 부지 일대에 들어서게 되는 '동대문디자인플라자&파크'는 한국 디자인산업의 메카로 자리잡는 동시에 서울 도심활성화의 중추 역할을 할 것으로 기대된다. 영국이 낳은 세계적인 건축가인 자하 하디드가 건축디자인을 하게 되는데, 동대문디자인플라자&파크에는 디자인정보센터, 디자인전문전시관 등 디자인산업 육성 및 발전을 위한 각종 시설이 들어서게 된다. 동대문디자인플라자&파크가 조성되면 한국 디자인산업의 경쟁력은 현재 선진국 대비 80퍼센트 수준에서 90퍼센트 이상으로 향상되는 한편 국내 디자인산업 매출액도 현재 7조 원에서 15조 원으로 2배 이상 증가할 것이라는 추산이다. 또한 관광객 및 방문객 증가 등의 요인 덕택에 동대문상권의 매출액도 연간 10조 원에서 15조 원으로 대폭 늘어날 것으로 예상된다.

표 7-1 디자인서울프로젝트

를 통한 토목 건설이 가장 보편적이다. 그런데 토목 건설은 구시대적이라는 지적을 받기 쉬울 만큼 관성적으로 진행해온 정책이어서 새로운 시도가 필요하다. 엄밀히 따지면 토목 건설이지만 도시 디자인, 국가 디자인 등 디자인이라는 외피를 뒤집어쓰면 이미지는 조금 달라진다.

정치는 늘 새로운 키워드를 찾는다. 그 키워드로 전략을 세워서 국민의 새로운 지지와 관심을 이끌어내야 하기 때문이다. 결국 과거 10년을 지배했던 디지털 이후 디자인이 해답으로 자리잡았다. 이미 서울시를 시작으로 디자인은 전국 주요 자치단체에 널리 퍼졌다. 정부가 디자인을 전면에 내세우는 것도 놀랄 일은 아니다. 그에 부응하듯 기업들 역시 디자인을 바탕으로 기업 전략을 세우고 있다.

하지만 대한민국의 디자인 수준을 냉철하게 지적하자면 '기업은 일류, 공공은 삼류' 혹은 '외형은 선진국, 내실은 후진국'이라 해도 과언이 아니다. 국내 대기업들, 그리고 그중 IT 기업들의 디자인 경쟁력은 세계 최고 수준이다. 세계적인 디자인 상을 휩쓰는 국내 기업들은 증가 추세에 있으며, 시장점유율 또한 최고다. 디자인에 엄청나게 투자하는 기업도 많고, 경제적 가치를 제대로 구현해내는 기업도 많다. 반면 정부나 지방자치단체는 여전히 근시안적이면서 외형적인 성과주의에만 그치는 경우가 많다. 기업의 디자인 마인드는 날아가는데 정부는 아직 걸음마 수준을 벗어나지 못하고 있다.

한국디자인진흥원은 2008년 10월 20일부터 11월 29일에 걸쳐 주요 17개국을 대상으로 '국가 디자인 경쟁력'을 조사했다. 이에 따르면 공공 디자인 분야에서 한국은 17개 대상국 중 15위를 기록했다. '아름다운 도시' 설문조사에서도 한국은 하위권이었다. 1위는 이탈리아였으며 프랑스, 일본, 미국, 독일, 스웨덴 등이 그 뒤를 이었다. 도시 디자인과 공공디자인의 수준은 그 나라의 디자인 수준을 가늠하고, 이는 곧 디자인 산업과 관광산업, 그리고 삶의 질과 만족도에도 영향을 미친다. 그러므로 즉흥적이면서 일회성에 그치는 태도는 과감히 지양해야 한다.

국내 디자인 시장규모 2005년 기준는 약 7조 원이며 이는 국내총생산의 0.86퍼센트다. 디자인 선진국으로 손꼽히는 영국은 GDP의 1.02퍼센트인 약 23조 원에 이른다. 과연 한국의 디자인 시장규모는 다른 나라와 얼마나 다를까?

해외 주요 국가들과 한국의 디자인 시장규모를 비교하면 역시나 한국의 시장은 작다. 그리고 한국에서 디자인 전문회사가 차지하는 비중은 18.6퍼센트로 비교 대상 국가들에 비해서도 작다. 반면 영국은 디자인

국가	디자인 전문회사	기업	규모	출처
미국	23조 7,000억 원 (29.6퍼센트)	56조 3,000억 원 (70.4퍼센트)	80조 원	US Census Burea
영국	11조 6,000억 원 (49.8퍼센트)	11조 7,000억 원 (50.2퍼센트)	23조 3,000억 원	디자인 비즈니스 디자인 사업 리서치 2005 영국 디자인 카운슬
일본	4조 원 (19.7퍼센트)	16조 3,000억 원 (80.3퍼센트)	20조 3,000억 원	니케이 디자인
한국	1조 3,000억 원 (18.6퍼센트)	5조 7,000억 원 (81.4퍼센트)	7조 원	2005 디자인산업현황조사

표 7-2 해외 국가의 디자인 시장규모

출처: 한국디자인진흥원, 〈월간 디자인〉 2008년 1월.

년도	등록된 회사 수
1997	80
1998	144
1999	265
2000	342
2001	473
2002	833
2003	983
2004	1031
2005	1219
2006	1432
2007	1,575(추정)
2008	1,732(추정)

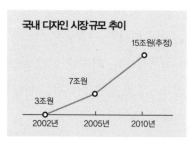

국내 디자인 시장규모 추이

3조원 (2002년)
7조원 (2005년)
15조원(추정) (2010년)

표 7-3 디자인 전문회사의 등록 건수 현황

출처: 한국디자인진흥원, 집계기간: 1996~2007.

전문회사가 디자인 시장의 49.8퍼센트나 점유하며 디자인 기반을 확보하고 있다. 디자인 선진국인 영국의 경쟁력은 바로 탄탄한 디자인 전문회사들에 있다.

하지만 국내 디자인 시장은 계속 성장하고 있다. 2002년 3조 원 규모에서 불과 3년 만에 두 배가 넘는 7조 원 시장으로 성장했고, 2010년에는 15조 원 수준으로 성장할 것으로 전망되기 때문이다. 이는 최근 몇 년간 국내에서 디자인 열풍이 거세게 불며 기업, 정부, 지방자치단체 등에서의 디자인 수요가 많았기 때문이다.

디자인 전문회사는 1997년부터 허가제에서 신고제로 바뀌면서 급격히 증가했다. 그리고 조사 이후로 10여 년간 계속 늘고 있다. 숫자만 보

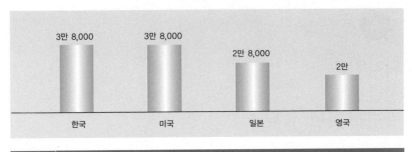

그림 7-4 연간 디자인 전공자 배출 (단위: 명)

출처: 한국디자인진흥원(2005년 기준).

자면 한국의 디자인 시장규모는 급속도록 성장하는 듯 보인다. 그런데 실제로는 자본금 1억 원 미만의 영세업체가 전체의 47.9퍼센트를 차지하고 있다. 산업자원부가 제출한 2005년 디자인 산업의 경쟁력 강화 방안을 위한 자료에 따르면 디자인 산업 및 업체당 매출규모는 늘어나고 있으나 연평균 매출액은 2.4억 원, 종업원은 4.3명으로 영세한 수준을 벗어나지 못하고 있다. 디자인 회사는 많으나 영세함을 벗어나지 못하고 있다는 증거다.

한국은 연간 배출되는 디자인 전공자가 3만 8,000명에 이른다. 이는 디자인 시장규모가 한국의 11배가 넘는 미국과 비슷한 수준이며, 시장규모가 3배가 넘는 영국보다는 2배 가까이 많은 수준이다. 디자인 인력 수는 세계 최고지만 디자인 산업의 규모나 디자이너의 임금은 매우 열악하다. 풍요 속의 빈곤이 아닐 수 없다. 대학마다 디자인 학과가 무분별하게 난립해 있다는 데에 문제가 있다. 그러니 디자이너 스스로가 3D 업종 종사자라고 평가하지 않겠는가?

디자인은
정말로
창조적 작업이다

디자이너는 많은데 디자이너가 부족하다? 제대로 된 디자이너가 부족하다는 의미다. 양적으로는 계속 쏟아져 나오고 있지만 고급 디자이너가 부족한 것이 한국의 현실이다. 기업과 대학이 서로 커뮤니케이션을 하지 못하고 있으니 결국 학생들은 취업을 하지 못하고 기업은 제대로 된 디자이너를 구하지 못하는 악순환만 끝없이 반복된다.

디자인 전공자의 취업률이 50퍼센트에도 미치지 못하니 현실은 지극히 암담하기만 하다. 특히 취업이 되더라도 영세한 회사에 취업하는 것도 문제지만 홍익대, 서울대 출신만 선호하는 사회적 분위기도 문제다. 게다가 전체 디자인 전공자 중 여성의 비율은 70퍼센트에 달하지만 취업률은 30퍼센트 미만이다.

지금까지 대학을 졸업한 디자이너는 100만 명 정도다. 하지만 현장에서 활동하는 디자이너는 12만 명으로, 전체 졸업생 중 겨우 12퍼센트에 불과하다. 비 디자인 분야로 진출했거나 실업 상태인 경우가 훨씬 많다는 의미다. 이는 결국 획일적인 교육 때문에 질적으로 문제가 많다는 뜻이기도 하다.

한국의 디자이너는 디자인 툴을 다루는 데에는 세계 최고다. 즉, 테크

닉에 강하다는 의미다. 하지만 디자인은 창조적 작업이다. 단순히 복제하듯 만들어내서는 질적으로 성장할 수 없다. 결국 경제적 가치를 효과적으로 구현할 수 있는 디자이너를 키워내지 않으면 디자인계의 영향력은 줄어들 수밖에 없다.

그렇다면 디자인 교육을 개선하기 위해 어떤 디자이너를 배출해야 할까? 세계적인 산업 디자이너이자 미국의 디자인 회사인 티그^{TEAGUE} 의 존 버렛^{John Barratt} 사장은 〈헤럴드경제〉와의 인터뷰에서 유능한 산업 디자이너의 조건에 대해 언급한 적이 있다.

"디자이너로서 감각적인 사람보다는 부지런한 사람을 선호한다. 나는 직접적인 경험과 연구를 통한 브레인스토밍^{brainstorming} 을 가장 중요하게 생각한다. 가령 러닝머신을 디자인하려면 기본적으로 러닝머신에서 많이 뛰어봐야 한다. 사용자의 입장이 돼 봐야 디자인을 할 수 있다. 그리고 엔지니어들과도 많은 대화를 나눠야 한다. 러닝머신이 아닌 체육관을 디자인할 때도 똑같다. 덩치만 커졌을 뿐 건축가나 체육관 이용자 등 만나봐야 할 사람도 많고 연구해야 할 것도 훨씬 많아진다. 갑자기 쭉 그은 선이 엄청난 디자인이 되는 시대는 지났다."

출처: 윤정식, '존 버렛, 새정부의 공공디자인 기대', 〈헤럴드경제〉 2008년 2월 26일자.

하지만 디자이너 스스로가 자신을 오퍼레이터 ^{operator} 로 만드는 경우도 비일비재하다. 여러 시안을 준비하면서 한 가지 시안에만 에너지를 쏟고 나머지는 대충 만든다는 발상은 지극히 위험하다. 들러리 시안을 만들어 내면 시간 낭비다. 시안이란 의도와 경험가치를 고스란히 담고 있기 때문에 디자이너로서의 철학과 애정을 듬뿍 담아야 한다.

디자이너는 손재주를 가진 기능공이 아니다. 또한 빨리 디자인을 해내는 디자이너가 좋은 것은 아니다. 고민과 분석을 거친 디자인이 필요하다. 그러니 디자이너 자신이 경영 창조자이자 마케팅 기획자라는 마인드를 갖춰야 한다. 하지만 디자이너들은 디자이너대로 너무 많은 것을 요구한다고 불만일 수도 있지만 디자이너의 위상이 더 높아질 수 있는 기회임을 잊지 말아야 한다.

세상 모든 것을
디자인하라

"디자이너의 직관을
최대한 존중하면
상상하지 못한 수익이 생긴다"

데이비드 루이스
뱅&올룹슨 디자이너

기술이 세계 최고여도, 디자인이 그에 따라가지 못하면 제품의 성공을 장담할 수 없다. 그만큼 디자인 때문에 기업도 흥하고, 새로운 시장도 만들어지기 때문이다.

가장 대표적인 사례는 애플 의 아이팟이다. 아이팟과 아이폰 때문에 미디어 기업으로 성장을 거듭하고 있는 회사가 바로 애플이다. 애플은 2008년 12월 27일에 마감된 2009년 회계연도[15] 중 1/4분기에 순이익 16억 1,000만 달러를 기록해 전년도 같은 기간보다 1.5퍼센트가량 증가했다고 발표했다. 매출은 전년도 같은 기간 대비 5.8퍼센트 증가한 102억

[15] 회계연도는 국가나 지방자치단체의 세입·세출을 구분하기 위하여 설정되는 일정한 기간이다. 미국의 회계연도는 10월 1일부터 시작해 그 다음해 9월 30일까지 끝나는 반면, 한국을 비롯해 프랑스, 독일, 이탈리아 등은 매년 1월 1일부터 시작해 그해 12월 31일까지 끝난다. 영국과 일본 등은 4월 1일부터 그 다음해 3월 31일까지가 회계연도다.

그림 8-1 아이팟 나노 패밀리

달러를 기록했다. 이때가 바로 애플의 분기 매출이 처음으로 100억 달러를 넘어서는 첫 시점이었다. 세계적인 경제위기 속에서도 애플의 매출과 순이익은 성장세를 지속하고 있다.

이 기간 동안 아이폰은 약 436만 대, 아이팟은 약 2,270만 대, 매킨토시는 약 240만 대가 판매되었다. 애플의 수익구조에서 아이폰과 아이팟이 전체 매출에 차지하는 비중은 점점 높아지고 있다. 이미 2007년 1/4분기에 전체 매출의 절반을 넘어서면서 애플은 더 이상 컴퓨터 회사가 아니라고 할 수 있다. 애플은 결국 사명도 'Apple Computer'에서 'Apple Inc.'로 바꿨다. 아이팟은 소비자의 사랑을 넘어 기업의 운명까지 바꾸어 놓는 데 크게 일조한 최고의 제품이다.

아이팟은 출시 이후 2009년 1/4분기^{2008년 12월 27일} 까지 1억 9,582만 대가 팔렸다. 아래는 각 분기별로 판매된 아이팟 대수를 정리한 표다. 집계를 시작한 2002년 1/4분기부터 2009년 1/4분기까지 8년 연속 판매가 상승했음을 알 수 있다. 아이팟은 여전히 신드롬이다.

회계연도	1/4분기	2/4분기	3/4분기	4/4분기
2002	125,000	57,000	54,000	140,000
2003	219,000	78,000	304,000	336,000
2004	733,000	807,000	860,000	2,016,000
2005	4,580,000	5,311,000	6,155,000	6,451,000
2006	14,043,000	8,526,000	8,111,000	8,729,000
2007	21,066,000	10,549,000	9,815,000	10,200,000
2008	22,121,000	10,644,000	10,011,000	11,052,000
2009	22,727,000			

표 8-1 아이팟 분기별 판매대수

출처: 애플 자료 취합

하지만 애플은 맥킨토시와 아이팟에 극명히 다른 전략을 사용했다. 매킨토시는 제품의 고유함을 지키는 데 애쓰다가 소비자에게 편리함을 주지 못해 마니아 전용 제품으로 평가받는 반면, 아이팟은 핵심 제품과 유통 소프트웨어를 독점하는 대신 콘텐츠 시장과 액세서리 시장을 오픈해서 보편적인 절대 다수의 소비자들을 만들어냈다. 아이팟은 놀라운 디자인과 쉬운 사용법, 저렴한 가격과 탁월한 브랜드를 하나로 통합해 'Made for iPod'이라는 환경을 구축했다. 아이팟 악세서리와 아이튠즈 iTunes 는 대표적인 'Made for iPod'에 해당된다. 그리고 이 모든 요소들은 하나로 모아져서 'iPod Economy'를 이룬다.

경쟁업체들이 무료 음원에 의존하던 시대에 애플은 과감하게 유료 음원시장을 만들었다. 아이튠즈 뮤직 스토어는 곡당 이익을 포기하겠다는 발상에서 출발했는데 아이팟이 많이 팔리면 음원에서 수익이 나지 않아도 문제없다. 결국 아이팟과 아이튠즈 뮤직 스토어는 상호 보완적인 관계

그림 8-2 아이팟 하이파이

가 될 수밖에 없다. 그리고 애플은 저작권을 위반한 파일보다는 합법적이면서도 양질의 음원을 듣고자 하는 소비자들의 수요를 읽어냈다. 결국 아이튠즈 뮤직 스토어는 디지털 음원시장에서 독보적 우위를 점하고 있다.

벨킨 Belkin, 켄싱턴 Kensington, 그리핀 Griffin, 아이러브 iLuv 는 PC 및 모바일 주변기기를 만드는 회사들인데 이들은 또한 iPod 전용 주변기기를 만드는 애플의 주요 파트너이기도 하다. 애플은 파트너 기업에 신제품 출시 일정 및 스펙을 알려줘서 원활한 제품개발을 돕고, 이들은 애플에 로열티를 지급한다. 이는 매우 긍정적인 협력 구조다. 그래서 아이팟, 맥북 등 애플 제품을 구매한 사람들은 스피커, 이어폰, 휴대용 케이스, 도킹 스테이션 등 제품의 활용성을 높일 수 있는 주변기기를 적어도 한두 개 정도는 구매한다.[16]

애플은 아이팟 하이파이라는 아이팟 전용 스피커이자 도킹 시스템을 생산하기도 했다. 하지만 대부분의 아이팟 전용 주변기기들은 애플이 아닌 다른 기업에서 만들어낸다. 아이팟 악세서리의 시장규모는 2006년 15억 달러로 추산되며, 당시 관련 기업만 400여 개에 4,000여 종의 아

 16 출처: 정재영, '소통의 디자인, 미래 비즈니스 성공의 지렛대', 〈LG Business Insight〉 2008년 9월 10일자.

이팟 악세서리가 출시되었다. 심
지어 타 대기업과의 협업도 활발
했다. 예를 들어 BMW는 아이팟
과 연결되는 BMW3 시리즈를 아
이팟 이름을 내걸어 프로모션했
으며, 세계적인 오디오 브랜드들
도 아이팟 데크가 내장된 제품들
을 생산한다. 또한 나이키는 조깅
화와 아이팟을 연동했으며, 코오

그림 8-3 | 아이폰

롱스포츠는 세계적인 산업 디자이너인 아릭 레비 Arick Levy 를 초청해 아웃
도어 의류와 아이팟이 연동되는 제품을 디자인했다. 소니도 아이팟 악세
서리를 출시했다. 그동안 중소기업들이 아이팟 악세서리를 만들던 것에
서 진일보해서 이젠 세계적인 기업들도 아이팟 악세서리를 생산한 후 아
이팟의 브랜드 아우라를 이용하는 프로모션을 진행한다.

시장조사기관인 TRG Telematics Research Group 에 따르면, 2007년 미국에
서 판매되는 자동차 중에 약 50퍼센트가 아이팟과 연동할 수 있다. 이것
은 2006년 출시된 자동차 중에 12퍼센트가 아이팟 연동 기능을 제공했
던 것에 비해 400퍼센트 이상 성장한 수치다. 한국자동차산업연구소
KARI 가 현대자동차의 2007년 조사결과를 바탕으로 한국과 미국의 카 인
포테인먼트와 관련된 제품의 장착률을 비교한 결과, 자동차에 아이팟이
반드시 연결되어야 한다고 말한 미국 소비자는 58.5퍼센트였으며, 20대
는 73.9퍼센트, 30대는 72.1퍼센트, 40대는 58.9퍼센트로 나타났다.

CES International Consumer Electronics Show, 국제소비자가전전시회 2009에 참가한 자동차 업체들은 CD 플레이어를 줄이고 USB 메모리 슬롯, 애플 아이팟 연결단자 등을 내장한 자동차들을 선보였다.

디자인만 보고 물건을 사는 소비자의 심리

새로운 시장을 만들고자 한다면 디자인에 투자해야 한다. 이제 시장을 키우는 힘은 디자인이다. 여성이 IT 제품을 구매하게 한 힘도, 노인시장을 공략할 힘도 모두 디자인에서 찾을 수 있다. 소비자가 디자인만 보고서 물건을 구입하는 시대가 도래했으며, 디자인의 유혹 때문에 새로운 소비가 이루어지는 시대가 왔다. 디자인은 소비도 촉진시키고, 시장도 창출시킨다.

고장이 나서, 새로운 기능이 필요해서 새 휴대폰으로 바꾸는 것이 아니라, 새로운 디자인의 휴대폰을 갖고 싶어서, 새로운 유행을 따르고 싶어서 휴대폰을 바꾸는 사람들이 많다. 특히 1020 세대에서 이런 경향은 더욱 두드러지며, 이는 30대까지도 확산된다.

모바일 포털 사이트인 모키 www.mokey.co.kr 가 2008년 3월 10일부터 4월 18일까지 자사 회원 4,500여 명을 대상으로 설문조사한 결과에 따르면, 전체 응답자의 58.7퍼센트가 제품을 선택할 때 디자인을 가장 중요시한 다고 응답했으며 28.5퍼센트가 기능을 꼽았다. 이에 반해 가격과 브랜드 는 구매에 별다른 영향을 미치지 못하는 것으로 드러났다. 결국 새로운 디자인의 휴대폰이 나오면 새로운 소비도 만들어질 수 있다는 것을 알 수 있다.

이러한 결과는 휴대폰뿐만이 아니다. 아파트와 같은 고가의 제품도 디자인이 주요 구매 결정요인이 된다. 실제로 아파트 디자인의 차별화 바람이 불면서 관련 특허와 저작권 등록이 증가하고 있다. 디자인이 아 파트라는 상품을 선택하는 데 중요한 변별력이 되면서 자사의 디자인 콘 셉트를 보호하려고 하기 때문이다. 아파트의 외관과 평면, 공용 공간의 설계, 1층의 공용홀, 아파트의 옥탑부, 조명과 조경 등에 이르기까지 다 양한 요소별로 디자인 저작권이 등록되고 있다. 건설에서도 디자인은 돈 이 된다는 등식이 성립되고 있다.

KB국민카드는 패션 디자이너인 앙드레 김에게 카드 디자인을 맡겨서 긍정적인 평가를 받았다. 현대카드는 스위스 출신의 화폐 디자이너인 레 옹 스톡 Leon Stolk 에게 뉴 알파벳 시리즈의 디자인을 맡겼는데 지폐처럼 각 기 다른 미세한 무늬가 반복 인쇄되도록 하여 좋은 평가를 받았고, 세계 적인 산업 디자이너인 카림 라시드에게는 '더블랙'의 디자인을 맡겨 초 우량 고객을 위한 카드라는 이미지를 심는 데 성공적이었다는 평가를 받 았다. 아울러 라파엘로 Raffaello 의 '두 천사들'을 비롯하여 세계적인 명화들을 프린트한 갤러리 카드를 한정 출시해서 단숨에 매진시키기도 했다.

사용자로 하여금 카드를 많이 쓰도록 하는 것이 카드회사에게 가장 큰 이득이다. 그런데 쓰는 것보다 중요한 것은 카드를 소유하는 것이다. 갖고 싶은 카드를 만드는 것이 중요하다. 카드 결제가 보편화된 시대에 하루에도 몇 번씩 카드를 꺼낼 일이 있는 사람들에게는 카드 디자인도 자신의 표현 수단이 될 수 있다.

세련되고 고급스러운 카드 디자인이야말로 카드라는 금융 서비스를 선택하는 데 중요한 기준이 될 수 있다. 카드가 예쁘고 멋지다고 해서 수수료가 적다거나, 무이자할부가 더 길다거나, 더 싼 이율로 현금서비스를 받는 것은 결코 아니다. 카드 디자인에 유명 디자이너나 세계적인 명화를 사용하면 비용은 더 소요되지만, 그에 따른 사용자들의 만족도는 더 커지고, 아울러 갖고 싶은 카드와 자신을 돋보이게 만드는 카드라는 이미지를 만들어낼 수 있어서 비용 대비 효과는 극대화된다. 실용적 가치 이전에 감성적 가치, 즉 카드 사용자의 욕구를 충족시키는 무언가를 디자인에서 찾아내는 것이 더 중요하다.

1979년에 출시된 소니의 워크맨은 1억 대를 판매하는 데 13.5년이 걸렸고, 1989년에 출시된 닌텐도 Nintendo 의 게임보이 Gameboy 는 1억 대를 판매하기까지 11년, 2001년에 출시된 애플의 아이팟은 1억 대를 판매하기까지 5.5년, 2004년에 출시된 모토로라의 레이저폰은 1억 대 판매하기까지 3.5년이 걸렸다. 1억 대 판매라는 초히트 상품이 되는 기간이 점점 짧아지는 이유는 무엇일까? 디지털 기기를 소비하는 문화가 확대되어 히트 상품이 더 빨리, 더 많이 팔리기도 하고, 사람들의 소득수준도 증가해 그에 따른 소비여력도 늘었기 때문이다. 하지만 숨겨진 이유로 디자인 소비를 들고 싶다. 디지털 기기를 기계적 기능과 편리로만 소비하던 때는 실용적 소비였다. 자신에게 필요한 기능을 얻기 위해 디지털 기기를 소비했기에 필요한 사람들만 소비하게 된다.

그런데 디지털 기기가 하나의 패션 상품처럼 취급되고, 디자인 소비 상품으로 부각되면서 이러한 소비문화는 실용적 소비에서 감성적 소비의 영역으로 이동하게 된다. 여성들이 IT 기기의 소비자로 대거 진입하게 된 것도 이런 이유 때문이다. 디자인은 디지털 기기를 유행에 뒤처지지 않고 빨리 소비하도록 만들어내는 힘을 가진다. 결국 디자인은 소비자가 더 많이 소비하도록 유혹한다.

디자인은 식품에도 적용된다. 음식은 맛으로 먹고, 멋으로 한번 더 먹는다고 했듯이 원래부터 음식문화와 디자인은 연관성이 있었다. 하지만 식품산업에서는 그 연관성이 다소 제약적이었다. 주로 포장용기 디자인에만 치우쳤을 뿐이었다. 그런데 오늘날 식품업계의 디자인 투자는 더욱 확장되고 있다.

삼양은 설탕에 여러 가지 색을 가미한 '큐원 플라워 슈가'를 출시했다. 플라워 슈가는 치자(梔子)에서 추출한 천연색소를 사용해 다양한 색깔의 꽃잎을 연상시키는 제품이다. 설탕에 다양한 문양이나 색을 입힌 제품은 백화점의 수입식품 코너에 가야 볼 수 있을 정도로 국내 업체에서는 생산되지 않던 제품이었다.

오리온 과자인 '이구동성'은 피자 한 판 모양을 지름 3.7센티미터의 과자에 그대로 옮겨놓은 제품이다. 이구동성은 비스킷 위에 토마토 소스,

카망베르 치즈, 파마산 치즈 등을 올려 피자맛을 그대로 재현한 제품으로 오리온은 이 제품 디자인을 특허청에 출원하기도 했다. 그리고 출시 이후 월 평균 20억 원의 매출을 기록했다.

식품뿐 아니라 담는 용기에도 디자인 바람이 불고 있다. CJ의 된장찌개 양념인 '다담'은 장독대에서 아이디어를 얻어 디자인했으며, 마시는 식초인 '미초'는 상의는 짧고, 하의는 긴 하이 웨이스트 원피스 모양을 병 디자인에 접목시켰다. 예쁜 용기가 제품을 선택하게 만들었는데, 껍데기가 알맹이보다 더 직접적으로 소비자를 유혹하고 있다.

IT시장은
디자인이
키웠다

전통적으로 기계는 남성 전용이었지만 이제는 달라졌다. 그렇다면 여성이 기계치에서 벗어났다는 얘기일까? 아니다. 단지 디지털 기기가 더 이상 여성에게 기계로 인식되지 않는다는 의미다. 디지털이 디자인을 만나면서 기계는 여성에게 패션이자 감성이 되어버렸다. 더 이상 디지털은 기술이 아니다.

디지털과 디자인이 결합을 통해 여성 소비자의 관심이 늘어나서 시장은 더욱 확대됐다. 디자인은 소비자의 여성적, 감성적, 우뇌적 관점을 자극하기 때문에 중요한 마케팅 포인트가 된다. 이는 남성적, 이성적, 좌뇌적 관점에서 마케팅을 진행하던 방식에서 진일보했다고 할 수 있다. 이제는 남성의 전유물로만 여겨졌던 IT 제품들이 디자인과 만나 여성 소비자를 유혹하고 있다.

1980년대의 생산시대에는 대량생산과 원가절감이, 1990년대의 기술시대에는 첨단 신기술 개발이 기업의 주요 관심사였다. 그러나 2000년대부터 본격화된 Double D시대에는 고객 감성과 다양한 컨버전스가 기업의 주요 관심사가 되었다. 이러한 변화는 곧 기업의 마케팅전략이 변했음을 의미한다. 기업이 디자인경영, 감성경영, 창조경영, 상상력경영 등을 지향하는 이유도 기업의 관심사가 변하기 시작했으며 마케팅 전략도 변했기 때문이다. 마찬가지로 소비자가 관심을 가지는 분야도 변하기 시작했다. 생산시대에는 낮은 가격과 정찰가가 소비자의 마음을 사로잡았다면 기술시대에는 신제품과 고기능이 소비자를 유혹한다.

2009년 1월에 개최된 CES 국제소비자가전전시회 은 친환경, 미니멀리즘, 복고 등을 전면에 내세웠다.[17] 친환경과 그린 테크놀로지를 적용한 디자인이 많았으며 친환경 소재를 디자인에 활용하는 경향도 두드러졌다. 아수스 Asus 는 노트북 표면을 금속이나 플라스틱 대신 대나무를 활용한 제품을

---

17 출처: 최익재, 한은화, '올 라스베이거스 CES가 전하는 디자인 코드', 〈중앙일보〉 2009년 1월 13일자.

선보였으며 HP는 강렬한 붉은색 바탕에 모란꽃을 그려 넣은 비비안탐 스페셜 에디션 넷북을 발표했다. 삼성전자는 조약돌 모양의 MP3 플레이어에 이어 DVD 플레이어도 조약돌 형상으로 구현했으며 옥수수 전분을 발효시켜서 만든 플라스틱을 휴대폰 배터리 커버로 선보이기도 했다. 모토로라^{Motorola}는 재활용 물병으로 휴대전화를 만드는 혁신적인 디자인을 보여주었다.

더 작고, 더 얇아진 디자인이 소개되기도 했다. 소니의 노트북인 바이오P 시리즈는 가로 24.5센티미터, 세로 12센티미터의 편지봉투만한 크기에, 두께는 휴대전화 정도이고, 무게는 600그램에 불과하다. 삼성전자의 LED TV는 두께가 6.5밀리미터이고, 도시바^{Toshiba}의 모바일 인터넷 단말기는 두께가 5밀리미터에 불과하다. 점점 더 얇고 작아지는 미니멀리즘은 IT 제품 디자인에서 수 년간 이어져온 트렌드였다.

복고풍 디자인도 많았다. 파나소닉^{Panasonic}은 80년대 향수를 불러일으키는 카세트 모양의 아이팟 도킹 스테이션인 '아이팟 게토 블래스터^{iPod Ghetto Blaster}'도 선보였으며 YUBZ는 공중전화 수화기를 연상시키는 '스카이폰'을 시장에 내놓았다.

게임기나 MP3 플레이어는 전통적으로 남성을 위한 제품이었으나 소니는 고급스러운 액세서리를 이용해서 여성 소비자들을 유인하고자 패션 업체로 눈을 돌렸다. 이 프로젝트를 위해 브라질 출신의 디자이너인 루엘라^{Luella}는 소니의 PSP를 담을 수 있는 파우치를 제작했다. 그 결과 뉴요커 여성들은 단순히 파우치를 갖고 싶어서 PSP를 구매하기도 했다. 또한 〈보그〉나 〈엘르〉 같은 패션지에도 PSP를 담을 수 있는 루엘라 파우치가 계속 소개되면서 소니는 전략에 확신을 가졌다.

삼성전자는 노트북 가방을 루이까또즈 Louis Quatorze 와 함께 제작한 적이 있다. 이는 여성 소비자를 유인하기 위한 방법이었다. 아울러 케이스도 다양한 컬러로 디자인하여 소비자들의 커다란 관심을 얻었다. 삼성전자의 휴대폰인 햅틱2는 라벤더 핑크 컬러를 적용한 모델을 선보였으며, 소울폰은 바이올렛, 핑크, 럭셔리 브라운 등 다양한 컬러를 적용해 여성 소비자들을 열광시켰다.

LG전자의 아이스크림폰은 LED 조명을 휴대폰에 탑재해 휴대폰 본체에서 다양한 이모티콘과 이미지를 구현할 수 있다. 메이크업폰은 휴대폰 케이스를 다양한 컬러로 바꿀 수 있으며, 엣지폰은 손가락을 따라 터치패드에 나타나는 불빛이 움직이도록 했다. 이처럼 컬러와 빛으로 여성 소비자들의 마음을 사로잡는 제품들이 급증하고 있다.

디자인은 예술에서 시작했고 디지털은 기술에서 시작했지만, 그 둘을 더 이상 예술과 기술의 벽 안에 가둬두면 곤란하다. 디자인과 디지털에 대한 한계를 미리 그어놓고 그속에서만 사고하는 오류를 피해야 한다. 실제로 디자인이 지닌 가치와 산업성은 우리가 생각하는 것 이상으로 고도로 진화하고 있다. 이것은 디지털도 마찬가지다. 디지털은 더 이상 기술로만 존재하지 않는다. 오히려 사회를 이끌어나가는 핵심 동력이자 경제, 산업, 정치의 새로운 패러다임을 결정지을 존재로 진화한다.

최근에는 하이테크 제품에도 모조품이 판을 치고 있는데 놀라운 것은 이들이 오리지널 제품보다 기능이 우수하다는 점이다. 기술이 알맹이고 디자인이 껍데기에 불과하던 시절에는 도저히 상상하지 못했던 일이 오늘날에 벌어지고 있다. 이는 결국 21세기의 경쟁력이 알맹이가 아닌 껍데기, 즉 디자인에 달려 있음을 의미한다. 이미지를 만들어내는 것은 단지 시각적인 영역에만 머물지 않는다. 디지털 기술력은 물론 디자인 수준도 갖춰야 산업적 성과가 드러난다. 디지털과 디자인을 제대로 갖춘, 즉 제대로 결합하고 조화를 이루는 것이 시대에 맞는 '균형'이다.

디자인과 디지털의 진입 장벽은 낮아졌다. 그렇다고 아무나 디자인과 디지털에서 성공을 거두는 것은 아니다. 누구나 디자인과 디지털의 영역에 개입할 수 있지만 성공을 위해서는 무언가가 필요하다. 이는 형식이나 도구, 기술이 보편화되면서 창의력, 독창성, 표현력, 감성, 논리성 등 인간 중심의 특화된 능력이 더욱 중요해졌음을 의미한다.

여성은
21세기 소비의
주체다

과거에는 분명히 소비가 남성 중심적이었다. 하지만 산업화 이후 수백 년 동안 생산과 소비의 주도권은 남성이 일방적으로 이끌었다. 그러다 보니 경제권도 남성이 가지고 있었고, 모든 비즈니스도 남성 위주로만 돌아갔다. 그런데 20세기 중반부터 서서히 여성이 사회적으로 영향력을 미치고 경제적으로 관여하기 시작하더니 1990년대를 넘어서면서 무게 중심이 양분되었다. 결국 21세기에 이르러 주도권은 완전히 여성에게 넘어갔다.

하지만 아직도 이 사실을 애써 부인하려는 남성이 존재한다. 남성의 착각 혹은 미련에 마케팅이 동조하고 나설 필요는 없다. 마케팅은 남녀 중 누군가의 편을 드는 것이 아니라, 소비할 사람이자 구매 결정권을 가진 사람의 편을 들어야 한다. 그러니 마케팅에서도 여성 마케팅의 중요성을 더욱더 높여가야 하고, 이를 위한 다양한 투자와 새로운 접근 전략도 필요함을 강조하고 싶다.

남자들의 장난감이라고 불리는 자동차의 경우 구매 결정은 남자만의 몫이 아니다. 남편은 차를 고른다. 하지만 구매 전에 아내에게 물어볼 수밖에 없다. 만약 묻지 않고 덜컥 구매해버린다면 그 이후에 벌어질 문제는 누구도 알 수 없다. 아내가 남편이 선택한 차에 대해 구매를 동의하지 않으면 남편은 쉽게 살 수도 없다.

오늘날 소비는 여성이 주도한다. 여성은 소비를 할 때 80퍼센트 이상 마음을 정한 다음 결정권을 행사한다. 이를 확인하기 위해 주피터커뮤니케이션스가 〈비즈니스위크〉에 발표한 자료를 톰 피터스^{Tom Peters}의 글에서 재인용해본다.

가정용 실내장식 94퍼센트, 휴가 92퍼센트, 가정 51퍼센트, 소비자 전자제품 51퍼센트, 자동차 60퍼센트, 은행계좌 89퍼센트, 건강 80퍼센트⋯. 이 숫자들은 여성이 구매에 참여하는 비율을 제품군별 백분율로 나타낸 수치다. 자동차의 경우, 새차를 구입하는 여성의 구매율은 60퍼센트로, 자동차를 구매할 때 90퍼센트가 여성의 의견에 영향을 받는다. 직장을 다니는 미국 주부들 중 28퍼센트가 가정 총수입의 50퍼센트 이상을 벌어들인다. 수표를 거래하는 인구의 80퍼센트, 현금을 거래하는 인구의 61퍼센트는 여성이다. 재정과 관련된 의사 결정의 95퍼센트가 여성에 의해서 이루어지며 그 가운데 29퍼센트는 독신 여성들이 차지한다. 구매 행위자로서의 여성은 무려 33조 달러를 지출로 소비한다.

이는 비단 미국만의 상황이 아니다. 전 세계적으로 여성이 소비의 주체이자 구매 결정권의 주도자로 부상하고 있다. 여성 소비자의 급부상에 대응하는 최선의 마케팅 전략은 디자인 마케팅, 아트 마케팅, 감성 마케팅 등이다. 그중에서도 디자인 마케팅은 업종과 상품군을 막론하고 가장 막강한 마케팅 전략이자, 여성 소비자에게 더 많은 관심과 선택을 받는 최선의 방법이다.

남성의 상상력에 의한 상품과 시장은 이미 하락세에 접어들고 있다. 이미 일상에서 새롭게 등장하는 제품이나 비즈니스 기회는 대부분 여성의 상상력에 의해 결정된다. 소비도 여성이 주도권을 가지고 있으니, 생

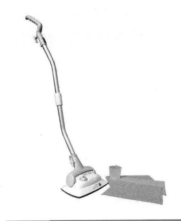

| 그림 8-4 | 한경희 스팀청소기 | | 그림 8-5 | 루펜리 음식물처리기 |

산도 당연히 여성 중심적으로 이루어질 것이다.

루펜리 음식물처리기와 한경희 스팀청소기의 공통점은 무엇일까? 둘 다 음식물처리기와 스팀청소기의 대표명사가 되어 새로운 시장을 만들어냈다는 점이다. 또한 둘 다 여자 사장, 그것도 주부 사장이라는 공통점을 지니고 있다. 수 년 만에 매출 1,000억대를 달성한 중소기업이라는 공통점도 지니고 있으며, 남자들은 죽었다 깨어나도 생각 못할 제품을 발명했다는 공통점도 있다.

가장 큰 공통점은 여자라서 만들 수 있었고, 여자라서 소비할 수 있었다는 점이다. 사실 물걸레질 안해보고, 젖은 음식물쓰레기를 버려보지 않은 사람들은 이 분야를 상상도 못했을 것이다. 일상의 불편함을 해소해주는 제품이 나오면 구매할 사람은 늘 존재한다. 결국 불편함이 크고 보편적일수록 수요는 더 크게 존재한다. 주부였기에 가능했던 일상의 경험과 그속에서의 불편함이 날카로운 상상력과 만난 것이다.

결국 비즈니스 상상력은 일상에서 겪는 불편함을 해소하기 위해 해결책을 찾을 때 빛난다. 그런 점에서 여성의 상상력은 여전히 무궁무진한 기회가 된다.

여성 소비자를 위한 디자인 마케팅을 실시하려면 우선 여성 소비자에 대한 치밀한 이해부터 시작해야 한다. 소비자 인사이트 중에서도 여성 소비자로 범위를 좁힌 인사이트가 필요하다. 여성 소비자를 잘 아는 기업이 더 많은 기회를 가지게 되고, 여성의 상상력이 넘치는 경영자와 마케터는 더욱 혁신적인 제품을 선보일 수 있다.

소비자를 지배하는 디자인 파워

디자인은 눈에 보이는 것만이 전부가 아니다. 소비자를 유혹하는 디자인은 눈에 보이기도 하지만, 그속에는 눈을 즐겁게 만드는 것 그 이상이 숨어 있다. 복잡한 것을 단순하게 만드는 것과 시각을 넘어서 오감을 하나씩 구현하는 것은 디자인이 갖는 중요한 숙제다. 그 숙제를 푸는 것이 바로 소비자 유혹이다. 소비를 부추기고, 지갑을 열게 하는 유혹은 바로 디자인에서 나온다.

우리의 하루는 매우 복잡해졌다. 편리한 생활을 위해 만든 문명의 이기들이 이제는 우리를 더욱 복잡하게 만든다. 그러니 단순함을 되찾기 위한 시도가 많이 일어나고 있다. 사실 단순함을 지향하는 것도 진화의 과정이다. 세계적인 건축가인 미스 반 데어 로에는 'Less is More 적을수록 좋다'라고 했다. 미니멀리즘에서 대표적인 슬로건이 된 이 말은 건축에만 한정되지 않고, 패션에도 영향을 미치고, 디지털 기기를 비롯한 각종 제품 디자인에도 큰 영향력을 발휘하고 있다. 미니멀리즘은 생산과 소비를 단순하게 만든다. 그것이 더욱 확산되어 제품과 소비 영역까지 진화하고 있는 것이다.

복잡한 것을 단순하게 만드는 것은 비즈니스 기회다. 닌텐도 DS와 Wii의 열풍은 놀라웠다. 휴대용 게임기 시장의 판도를 바꾼 닌텐도 열풍의 진원지는 쉽고 단순하다는 데서 비롯되었다. 화려한 3차원 그래픽이 난무하는 소니의 PSP와 달리, 닌텐도 DS와 Wii는 단순한 게임 기능을 지원한다. 즉, 게임의 룰을 익히기 위해서 시간을 더 들일 필요가 없을 만큼 단순하며 게임 방식마저 쉽기 때문에 남녀노소를 막론하고 누구나 즐길 수 있다. 10대나 20대의 전유물이던 게임기를 전 연령대로 확산시켰기 때문에 닌텐도는 세계적으로 큰 성공을 거뒀다. 이는 단순함이 만들어낸 대표적인 비즈니스 성공 사례다.

아이팟은 음악 기능에만 충실한 MP3 플레이어다. 아이팟 이전에 세계시장을 주름잡던 주요 제품들에는 음악을 재생하는 기능 외에 부가 기능인 보이스 레코더, 외장 하드 등 다양한 기능들이 있었다. 반면 아이팟은 이러한 부가가능이 필요할 경우에 별도 구매를 통해 추가하도록 했다. 즉, 모두에게 복잡하고 다양한 부가 기능을 통합해서 팔지는 않았던 것이다. 그리고 여기에 디자인의 단순함도 한몫했다. 아이팟은 발매 당시부터 미니멀리즘에 입각한 순백색의 단순한 디자인으로 시선을 사로잡았다. 모든 아이팟 시리즈가 가진 공통점은 단순함을 근간으로 하는 세련된 디자인에 있었다.

또한 구글이 야후에 역전승을 거둔 원동력은 무엇이었을까? 탁월한 검색 엔진이라는 기술도 있었지만 사이트에 군더더기가 없었기 때문이다. 사용성과 디자인이 결합해서 단순함을 낳았던 것이다. 그리고 소비자는 이에 열광했다.

단순함은 기업의 생존 전략이다. 컨설팅 업체인 베인&컴퍼니에 따르면 복잡함으로 인해 기업이 치러야 하는 비용은 전체 제품 원가의 10~25퍼센트를 차지할 정도라고 한다. 이는 복잡함을 단순함으로 바꾸기만 해도 기업의 생산성과 효율성이 개선될 수 있다는 말이다. 업무부터 단순하게 줄이고, 제품 자체나 마케팅도 단순하게 줄여야 한다. 이를 통해 낭비도 줄이고, 차별화도 이뤄내고, 더 많은 이익도 창출할 수 있다.

아울러, 소비자의 새로운 욕망을 찾아내기 위해서 소비자 이해에 좀더 투자해야 한다. 복잡하게 만들기는 쉬워도, 단순하게 만들기는 쉽지 않다. 결국 소비자의 욕구를 정확하게 이해하는 기업만이 비즈니스 기회를 누릴 자격이 있다.

기술이 감성을 터치하다

디지털은 이제 아날로그를 터치한다. 오늘날에는 아날로그의 감성을 입은 디지털이 대세다. 처음부터 디지털의 종착지는 아날로그였고 아날로그를 보완하기 위해 디지털이 존재했다. 누가 더 우월하냐, 우월하지 않냐는 결코 문제가 아니다. 디지털은 더 이상 기술이 아니다. 디지털은 문화이자 생활이다. 일상에 녹아 있는 아날로그적 삶을 디지털의 진화가 대체할 수 없다. 디지털은 다만 아날로그적 삶의 보조 역할을 할 뿐이다. 결국 디지털은 점점더 아날로그스러운 디지털이 되려고 한다. 인간의 오감을 충족시키려는 디지털이 늘어날수록 일상은 더 풍요롭고 즐거워질 것이다.

디지털은 시각과 청각을 흉내내기 쉽다. 그리고 이를 표현한 많은 제품들이 시장에서 사랑받고 있다. 다음은 촉각이다. 촉각의 시대는 햅틱 기술이 열었다. 햅틱 기술은 디지털과 아날로그를 손잡게 했다.

디지털 분야에서 햅틱 열풍이 거세다. 애니콜 Anycall의 햅틱폰은 햅틱2까지 출시되어 인기를 끌고 있는데, 햅틱 기술은 삼성전자의 애니콜 덕분에 각광받았다. 햅틱폰에는 22가지 진동이 제공되는데, 상황별로 각기 다른 진동이 사람의 촉각을 자극시키며 새로운 경험을 안겨준다. 주사위 놀이를 할 때 직접 주사위를 던치는 듯한 느낌을 갖게 해주며, 중력 센서와 가속도 센서가 적용되어 화면을 기울이면 사진이 미끄럼을 타듯 흘러내리게 하는 기능도 가능하다. 결국 기술이 진보하면 간편하고 즐겁게 사용할 수 있는 제품이 소비자의 사랑을 받는다. 이는 햅틱폰을 탄생시킨 배경이라 할 수 있다.

이 밖에도 네비게이션이나 디지털 카메라 등에도 햅틱 기술이 적용되고 있다. 햅틱 기술은 교감과 소통을 가능하게 하기 때문에 인기는 한동안 식지 않을 것이다.

햅틱, 왜 우리는 터치를 원하는가? 인간이 최초로 경험하는 감각은 촉각이다. 태아는 뱃속에서 촉각을 먼저 느끼며, 아이들은 무엇이든 만져보려고 손을 뻗는다. 촉각은 인간의 가장 근본적인 감각이자 외부와의 소통 수단이다.

햅틱 Haptic 이라는 단어는 그리스어로 '만지다'라는 뜻의 'haptestha'에서 유래한 단어로, '촉각의, 만지는'이라는 의미를 가진다. 그런 점에서 햅틱 기술은 촉각을 통해 디지털 기술과 소통하기 때문에 시각과 청각에만 의존하던 디지털 인터페이스의 진화를 가져왔다.

또한 촉각과 관련된 하드웨어, 소프트웨어, 심리학, 인지과학 연구 등에도 영향을 미친다. 압력 진동, 감촉 등을 통해 사용자가 신체적 감각을 느끼게 함으로써 더욱 생생한 경험을 제공한다. 우리가 만들어내는 디지털 기술은 오감을 충분히 구현해내고 싶어한다. 다만 기술적인 한계로 인해 시각과 청각을 먼저 구현해냈고, 그 다음으로 촉각을 구현해내고 있는 중이다.

햅틱 기술은 컴퓨터 게임 분야에서는 오래전부터 활용되어 왔다. 게임 속 상황에서 느껴지는 진동을 시각과 청각과 함께 느끼며 보다 박진감 넘치는 게임을 즐길 수 있기 때문이다. 총을 발사할 때의 진동이나, 총을 맞았을 때의 자극은 게임에 몰입할 수 있게 한다. 햅틱 기술은 자동차에도 활용되는데, BMW의 다이얼 스위치인 '아이드라이브 iDrive'도 차량을 제어할 때 촉각 피드백을 제공한다. 의료 분야에서는 의료용 시뮬레이터나 재활장비 등에 이용되어 실제감을 느끼게 해줌으로써 의료 기술을 한 단계 높이는 데 기여하고 있다. 햅틱 기술은 각종 디지털 기기, 디지털 콘텐츠, 광고 등 다양한 분야에 적용되고 있다. 이제 모든 디지털은 시각과 청각에 이어 촉각도 마음껏 구현하고 있다.

좋은 디자인은 날카로운 상상력에서 나온다

디자인과 상상력은 비슷하다. 상상은 생각을 그림으로 옮기는 것이다. 디자인도 생각을 시각화시켜야만 결과물이 된다. 둘 다 창의적이고, 새로운 생각들을 가지며, 그것을 얼마나 잘 구현하느냐가 관건이다. 마케팅은 물건을 팔고, 시장을 만들어내는 것 이상의 의미를 지닌다. 그리고 소비자와의 관계를 만들고, 소비자의 니즈와 원츠를 채워준다. 물건을 파는 것이 아니라 소비자를 만족시키는 것이 바로 마케팅이다. 그래서 마케팅은 디자인과 상상력을 필요로 한다.

〈그림8-6〉은 도쿄에서 활동 중인 웹·그래픽 디자이너인 맥 후나미

즈^{Mac Funamizu}의 '미래 모바일 인터넷 검색도구'를 상상해 그려낸 디자인 이미지다. 이는 자신의 블로그^{petitinvention.wordpress.com}에 공개되어 있다. 이러한 디자인적 상상력을 받쳐줄 기술적 진화는 곧 이루어질 것이므로 문제없다. 분명한 것은 후나미즈의 미래 모바일 인터넷 검색도구는 조만간 현실화될 것이므로, 우리가 사용할 새로운 도구가 될 가능성이 높다. 디자인은 상상의 결과물이다. 상상은 머릿속 생각을 시각적으로 형상화하는 행동이기도 하다. 디자이너의 형상화가 기술자의 기술 개발을 유도해낼 수도 있다. 생각은 그려낼 수도 있고, 만들어낼 수도 있다.

우리에게는 '기발해서 미칠 것 같은 놀랍고도 대단한 상상력'보다 '현실적이고 돈이 되는 상상력'이 더욱 필요하다. 언제가 될지 모르지만 언젠가 이루어질 먼 미래의 모호한 상상보다는 당장 이루어질 현실이나 코앞의 상상이 더 값지다. 상상력은 대단하고 어려운 것이 아니라, 우리의 일상이자 현실이다. '현실적이고 돈이 되는 상상력'을 개발하다 보면 '기발해서 미칠 것 같은 놀랍고도 대단한 상상력'도 자연스럽게 따라온다.

그림 8-6 미래 모바일 인터넷검색도구에 대한 상상 이미지

출처: petitinvention.wordpress.com

혁신은 상상력의 시행착오와 개발 끝에 나오는 것이지, 어느 순간 하늘에서 떨어지듯 생겨나는 것이 아니다.

'나도 그런 아이디어쯤은 낼 수 있어. 이건 너무나 당연한 디자인이 아닌가?'라는 반응은 좋은 아이디어와 좋은 디자인일수록 많다. 하지만 아무도 생각 못할 세기의 발명보다는 일상에서 상식적이고도 보편적인 문제를 세심하게 관찰하고, 철저하게 분석해서 새로운 대안으로 제시하는 것이 중요하다. '나도 그런 디자인을 할 수 있어'라는 말은 누구나 할 수 있지만, 실제로 그 디자인을 구현한 사람과 그렇지 않은 사람은 분명히 구분된다. 생각은 누구나 할 수 있다. 그것을 구현하고 실행해야 진짜 능력이다.

혁신은 사소한 것에서 출발한다. 눈덩이 굴리기를 통해 점점 더 커지는 결과물을 만들어내듯 날카로운 상상력의 눈덩이를 굴리다 보면 결국 가치혁신을 통해 새로운 상품과 서비스, 산업의 결과물을 만들어낼 수 있다. 아울러 혁신은 따라가는 것이 아니라 앞서 가는 것이다. 시류에 편승하지 말고 소신껏 자신의 길을 가는 것이 날카로운 상상력을 가지는 데 도움이 된다. 쫓아가다가는 늘 '짧은 기쁨, 긴 시련'만 맛보게 될 것이다.

선입견과 사고의 제약에서 자유로워야만 혁신이 이루어진다. 아울러 실수, 시행착오, 도전의 가치를 인정해야만 혁신이 확산된다. 그렇지 않으면 안정만 추구하다가 제자리걸음하기 쉽다. 혁신의 시도는 실패의 위험을 담보하는 모험이다. 그 모험이 성공하면 가치혁신이라는 선물을 거머쥐게 된다. 하지만 실패하더라도 시도할 가치는 있다. 시도하지 않았으면 애초에 성공 후에 주어지는 선물조차 존재하지 않았을 것이다. 고여 있는 물은 썩는다. 흘러야 물이 바다로 간다. 날카로운 상상력은 완벽한 사고가 아니라 끊임없이 도전하는 창의적인 사고이자, 기술적 배경과 상업적 가능성을 근거로 상상력을 현실화하는 과정이다. 그 과정이 계속될수록 더욱더 정교하고 가치 있는 결과물이 나온다.

머릿속에서만 맴돌다가 마는 상상력은 가치가 없다. 날카로운 상상력을 좀 더 정교하게 다듬고, 그것을 기반으로 새로운 시도와 도전을 실행하도록 부추겨야 한다. 날카로운 상상력은 실행을 전제로 한다. 따라서 실행하지 않으면 아무리 대단한 상상력과 창의력이라고 할지라도 그 가치는 지극히 개인적인 것에 머물고 만다. 실행을 하고, 가치를 발견할 때 비로소 날카로운 상상력은 빛을 발하게 된다.

디자인에서 소비자 인사이트와 창의력, 그리고 상상력은 따로 생각할 수 없다. 그러므로 최근에 기업의 가장 중요한 화두는 소비자 인사이트이며, 동시에 디자인경영과 창조적인 조직이다. 사실 이 세 가지 화두는 별개가 아니다. 서로 연결된 유기적인 관계이며, 세 가지가 모두 충족된 기업은 보다 많은 혁신을 이루며 가치를 극대화시킬 수 있다.

이제 기업은 디자인경영을 하기 위해서 소비자 인사이트를 지녀야 하고, 창조적인 조직을 갖춰야 한다. 반대로 소비자 인사이트를 통한 마케팅을 하기 위해서 디자인 마케팅과 창조적인 조직이 필요하다. 결국 이들은 기업 발전을 위한 필수 요소이자 기업의 미래 생존 코드다.

디자인은 눈에 보이는 것뿐 아니라, 소비자의 머릿속도 들여다봐야 하고, 세상에 존재하지 않는 새로운 상상력에도 관심을 기울여야 하며,

이를 경영과 마케팅으로 녹여낼 수도 있어야 한다. 디자인은 아주 복잡하며, 광범위하고, 아주 중요한 경영과 경제의 화두이자 실행과제임을 잊어서는 안 된다. 경영과 마케팅의 중심이자 결과물에는 늘 디자인이 함께하며 창조경영, 감성경영, 인재경영, 고객통찰경영, 디지털경영 등 모든 경영 화두는 디자인과의 끈끈한 결합을 통해 더 큰 시너지를 발휘할 것이기 때문에 디자인경영이 모든 경영 화두의 기본이자 필수임을 잊지 말아야 한다.

당신의 디자인 마인드를
제대로 평가하라

전 세계는 디자인 열풍에 휩싸였다. 책, 담배 케이스, 핸드폰, MP3 플레이어 등 일상을 둘러싸고 있는 모든 것이 디자인이라는 옷을 입고서 소비자의 마음을 유혹하고 있다. 사실 기술은 '더하기'로 발전하지만 디자인은 '곱하기'로 발전하기 때문에 기업은 더욱 바빠졌다. 전사적으로 디자인팀을 꾸려서 제품 디자인을 강화하는 데 박차를 가해야 할 정도로 사활을 걸고 있다고 해도 과장이 아니다.

기업의 리더들도 바빠졌다. 배워야 할 기본 소양 과목들이 많은데 디자인이라는 커리큘럼까지 하나 더 추가해야 하니 정신이 없다. 예전에는 곁에 서서 "디자인이 뭐가 중요해. 품질만 좋으면 됐지"라며 한마디 거들먹거리면 끝이었는데 이제는 21세기를 읽어내는 필수 핵심 코드가 디자인이기 때문에 반드시 디자인적 소양을 갖추어야 한다. 하지만 여전히 디자인 마인드가 부족한 리더들이 많고, 디자인에 대한 이해도가 지극히 낮은 마케터와 기획자가 많다. 이제는 '무식하면 용감하다'가 아닌 '무식하면 영원히 도태된다'는 말이 리더들의 뇌리에 깊이 새겨져 있어야 한다.

사실 2000년대 초반까지만 해도 디지털 경제라는 표현은 유효했다. 대한민국을 일으킨 근간 산업의 핵심 키워드가 '디지털'이었다는 의견에 반대할 사람이 없을 만큼 이는 신드롬이었다. 하지만 소비자는 변덕스럽다. 새로운 것을 기대하는 심리가 부풀어 오르면서 '디지털'은 서서히 관심의 초점에서 벗어나고 있다. 그 자리를 '디자인'이 대체하고 있다. '디지털'이 신드롬을 넘어서 이제는 안정적인 사회문화이자 사회구조 속으로 완전히 정착되었으니 새로운 전방위적 코드인 '디자인'이 사회 전반에 걸쳐 뜨거운 관심을 받고 있다. 그러니 이렇게 확신할 수 있다.

'지금 우리는 디자인 신드롬의 정점에 있다.'

그래서 나는 디자인과 경제학의 이종결합을 디자인노믹스라 칭하고 디자인이 가지는 강력한 경제학적 파워를 이야기하고자 이 책을 집필했다. 디자인이 만들어내는 놀라운 경제학적 사례들을 조사하느라 밤을 몇 번이나 새었는지 모른다. 내가 보고 느꼈던 디자인의 힘을 디자인노믹스라고 칭한 주제 하에 쉽게 정리해서 독자들에게 전달하고 싶었다.

《디자인 파워》는 처음부터 끝까지 디자인이 경제의 중심이라는 주장을 한 번도 놓치지 않는다. 디자인을 경제경영학적 관점에서 해석하고, 보다 전략적으로 다루어야 했기 때문에 용어 선택부터 해설까지도 조심스러울 수밖에 없었다. 그래서 디자인 마인드를 갖추겠다는 결심만 갖고 있다면 누구나 이해할 수 있을 정도로 철저히 정리하고 또 정리했다.

　이제는 디자인을 시각적 즐거움이나 예술적 표현으로만 생각하는 사람들이 줄어들기를 기대해본다. 여전히 미숙하기는 하지만 기업과 정부, 그리고 수많은 조직들이 디자인 마인드를 함양시키고자 노력하고 있기 때문이다. 이는 디자인올림픽 개최, 디자인수도 지명, 디자인서울프로젝트 수립 등과 같은 가시적인 성과로 드러나고 있다. 각 지방자치단체들도 디자인 부서를 설치하고 있으니 'Design Korea'로 대한민국이 물드는 시기를 조심스럽게 기대해본다. 물론 획일적인 행정 때문에 차별점 없는 디자인이 난무하는 상황은 따끔하게 지적해야 한다. 나만의 디자인 마인드가 아닌 대한민국 전체의 디자인 마인드를 10점 만점에 10점으로 만드는 데 이 책이 제시하는 전략들이 큰 도움이 되었으면 한다. 그래서 이 전략들이야말로 미래를 위한 최선의 준비이자, 새롭고도 강력한 무기를 가지는 방법이라고 강조, 또 강조하고 싶다.

디자인파워
DesignPower

마케팅은 경쟁자와의 혈투가 아닌 소비자와의 심리전이다!

시장권력의 중심 소비자가 진화한다

소비자는 매스에서 타깃, 타깃에서 마이크로, 마이크로에서 인디비주얼로 진화한다! 국내파 미디어·트렌드 전문가의 10년 노하우가 빚어낸 색다른 사례분석과 명쾌한 실행 플랜! 21세기 지식유목민으로 살아가는 인류의 행동양식과 소비패턴을 사회, 문화, 심리 등 다양한 관점에서 치밀하게 재해석한 경제교양서!

김용섭·전은경 지음 | 372쪽 | 18,500원 | 양장

성공하는 기업은 마케팅부터 다르다!

CEO에서 사원까지 마케팅에 집중하라

하버드 경영대학원이 교재로 선택하고 필립 코틀러가 적극 추천하는 마케팅 전략의 새로운 바이블! 경영 전략의 새로운 틀로 블루오션 전략을 채택한 기업들에게 과연 블루오션을 어떻게 만들 것인가 하는 질문에 화답하는 책. 기업 혁신의 엔진으로 마케팅이라는 구체적인 수단을 제시한다.

니르말야 쿠마르 지음 | 김상욱·전광호 옮김 | 392쪽 | 14,900원